现代日语推测类情态副词研究

侯鹏图 著

南开大学出版社
天津

图书在版编目(CIP)数据

现代日语推测类情态副词研究：日文 / 侯鹏图著. —天津：南开大学出版社，2023.10
ISBN 978-7-310-06471-7

Ⅰ.①现… Ⅱ.①侯… Ⅲ.①日语－副词－研究 Ⅳ.①H364.2

中国国家版本馆 CIP 数据核字(2023)第 191697 号

版权所有　侵权必究

现代日语推测类情态副词研究
XIANDAI RIYU TUICE LEI QINGTAI FUCI YANJIU

南开大学出版社出版发行
出版人：陈　敬

地址：天津市南开区卫津路 94 号　邮政编码：300071
营销部电话：(022)23508339　营销部传真：(022)23508542
https://nkup.nankai.edu.cn

天津泰宇印务有限公司印刷　全国各地新华书店经销
2023 年 10 月第 1 版　2023 年 10 月第 1 次印刷
230×155 毫米　16 开本　17 印张　2 插页　245 千字
定价：88.00 元

如遇图书印装质量问题，请与本社营销部联系调换，电话：(022)23508339

本书由天津市哲学社会科学规划项目资助出版，项目题目为"日语推量类陈述副词的会话功能研究"（项目编号：TJWWQN18-004）。

前書き

　本研究は、日本語における推量を表す陳述副詞に焦点を当てることにより、その形式的特徴と統語的・語用的機能について報告することを目指したものである。まず先行研究を踏まえ、推量を表す陳述副詞を「確信を表すグループ」、「推測を表すグループ」、「推定を表すグループ」、「不確定グループ」の四つのグループに分け、先行研究をまとめたうえで、推量を表す陳述副詞をめぐって、以下の三点の未解決の問題を提起した。
　（1）形式的特徴では、推量を表す陳述副詞と共起する文末表現の考察が不十分である。語の出現位置についての考察が未実施である。
　（2）統語的機能では、推量の定義に基づいた推量のメカニズムがまだ明確にされていない。そのうえ、推量のメカニズムによるグループ別の特徴もまだ明確にされていない。
　（3）語用的機能では、他者と自己の関係が推量を表す陳述副詞への関与の仕方、乃至文頭と文末におけるネイティブの使用意識の視点から迫った研究が行われていない。また、推量を表す陳述副詞と一緒に連動して使われる不確かな気持ちを表す定型句についての研究も行われていない。
　本研究は記述的方法を採用し、上述の問題を解決しようとした。
　まず、形式的特徴に関しては、共起する文末表現と文における出現位置の立場から、推量を表す陳述副詞と共起する文末表現を検討し、先行研究にない文末表現を新たに補足することができた。また、語が文における出現位置から検討し、すべての推量を表す陳述副詞は文中に出現する割合が一番多く、文末に出現する割合が少ないと

いうことが分かった。

　次に、統語的機能に関しては、以下の結論が述べられる。

　その一、推量の定義に基づき、話し手は推量をするとき、手がかり「p」と認識内容「q」の相違により、「『p』が言語化された場合」と「『p』が言語化されていない場合」に分けることができる。

　その二、「『p』が言語化された場合」は、「p」を「順接表現」、「継起表現」、「仮定表現」、「原因表現」に分けることができる。その一方で、「『p』が言語化されていない場合」は、「『q』のみとなっている場合」と「『q』が何らかの操作を受けた場合」に分けることができる。更に、「『q』が何らかの操作を受けた場合」に、「一つの文に話し手の推量の気持ちを挿入する機能」、「先行文脈を修正する機能」、「先行（後続）文脈より副次的事柄を提示する機能」があることを発見することができた。

　その三、「『p』が言語化された場合」と「『p』が言語化されていない場合」におけるグループ別の特徴を指摘することができた。「確信グループ」は、話し手の強い心的態度を表す文末表現と共起することができる。「推定グループ」は、話し手が仮定条件を使う際、「前項依存型」条件より、「非前項依存型」条件を多く使う傾向がある。「不確定グループ」は、仮定を誘導する機能を有している。また、「先行（後続）文脈より副次的事柄を提示する機能」は、不確定グループにしかない。

　それから、語用的機能に関しては、以下の結論が述べられる。

　その一、話し手は、確信グループの陳述副詞を使い、聞き手の意見を賛成することにより、聞き手への配慮を示す（他者配慮機能）、また、話し手は、推測、推定、不確定グループの陳述副詞を使い、話し手自身のことを不確かなものにすることにより、自身への防衛を図る（自己防衛機能）。更に、これまで注目されていなかった推量を表す陳述副詞の併用現象にも注目し、それによる語用的機能の流動現象も合わせて検討した。

　その二、日本人ネイティブに依頼し、推量を表す陳述副詞が文末

と文頭においてどちらのほうがより多く使われるのか、文頭に使われる場合と文末に使われる場合における相違がどこにあるのか、そういった文頭と文末の使用に潜んでいる言語使用意識を確かめることができた。

その三、陳述副詞と一緒に使われる話し手の心的態度を表す定型句の語用的機能もまとめることができた。

最後に、本研究の限界を述べたうえ、「ポライトネス理論と結合する必要性」と「他の種類の陳述副詞と比較する必要性」において、今後の研究課題を提示した。

本研究では、以下の三つの点において、先行研究を発展させ、独自の見解を示そうとした。まず、共起する文末表現と文における出現位置の観点から、推量を表す陳述副詞の使用実態を明らかにすることにより、従来の先行研究を補完する。次に、推量の定義に基づき、推量のメカニズムを明かしたうえで、グループ別の特徴を明かすことにより、推量を表す陳述副詞の統語上の本質をより明るみにする。更に他者と自己の関係が推量を表す陳述副詞の使用への関与の仕方を明らかにし、文頭と文末における語用的機能と陳述副詞と一緒に使われる定型句の語用的機能を考察することにより、推量を表す陳述副詞の語用上の本質をより明るみにする。

以上のことを通して、形式と機能の二つの観点から、日本語における推量を表す陳述副詞の使用にアプローチした本研究の成果は、日本語学習者がより正確に推量を表す陳述副詞を習得するために有用であると同時に、今後、陳述副詞の更なる研究に有意義な提言が与えられると考える。

目　次

第1章　序論 1
　1.1　問題提起 1
　1.2　研究対象 6
　1.3　研究データ 7
　1.4　本研究の構成 8
第2章　先行研究及び研究課題 9
　2.1　文法における先行研究 9
　　2.1.1　陳述副詞に関する先行研究 9
　　2.1.2　推量を表す陳述副詞に関する先行研究 19
　　2.1.3　文法における先行研究のまとめ 27
　2.2　語用における先行研究 33
　　2.2.1　中田（1991）の研究 34
　　2.2.2　メイナード（2005）の研究 34
　　2.2.3　羅（2009）の研究 35
　　2.2.4　Suzuki（2015）の研究 36
　　2.2.5　その他の研究 36
　　2.2.6　語用における先行研究のまとめ 38
　2.3　研究課題 43
第3章　推量を表す陳述副詞の形式的特徴 45
　3.1　はじめに 45
　　3.1.1　文末表現の定義 46
　　3.1.2　語の出現位置の定義 46
　3.2　確信グループの形式的特徴 48
　　3.2.1　きっと 48

3.2.2　必ず 51
　　　3.2.3　絶対 53
　3.3　推測グループの形式的特徴 55
　　　3.3.1　多分 55
　　　3.3.2　恐らく 58
　3.4　推定グループの形式的特徴 60
　　　3.4.1　どうも 60
　　　3.4.2　どうやら 62
　3.5　不確定グループの形式的特徴 64
　　　3.5.1　もしかしたら 64
　　　3.5.2　ひょっとしたら 67
　　　3.5.3　あるいは 69
　3.6　本章のまとめ 70
第4章　推量を表す陳述副詞の統語的機能 78
　4.1　はじめに 78
　4.2　「p」が言語化された場合 81
　　　4.2.1　「p」が言語化された場合の統語的機能 81
　　　4.2.2　グループ別における特徴 90
　　　4.2.3　本節のまとめ 109
　4.3　「p」が言語化されていない場合 111
　　　4.3.1　「p」が言語化されていない場合の統語的機能 ...111
　　　4.3.2　グループ別における特徴 120
　　　4.3.3　本節のまとめ 121
　4.4　本章のまとめ 122
第5章　推量を表す陳述副詞の語用的機能 128
　5.1　はじめに 128
　5.2　他者と自己の関係における語用的機能 131
　　　5.2.1　他者配慮の語用的機能 131
　　　5.2.2　自己防衛の語用的機能 134
　　　5.2.3　両者間の語用的機能の流動 142

　　　　5.2.4　本節のまとめ 148
　5.3　文頭と文末における語用的機能 149
　　　　5.3.1　文頭と文末の定義 151
　　　　5.3.2　アンケート調査の概要 152
　　　　5.3.3　アンケート調査の結果分析 154
　　　　5.3.4　本節のまとめ 176
　5.4　不確定な気持ちを表す定型句の語用的機能 177
　　　　5.4.1　考察 178
　　　　5.4.2　本節のまとめ 182
　5.5　本章のまとめ 183
第6章　結論と今後の課題 185
　6.1　本研究の結論 185
　6.2　本研究の限界と今後の研究課題 200
付　録 210
　　付録1　杉村（2009）推量を表す陳述副詞と共起する
　　　　　　文末表現調査結果 210
　　付録2　工藤（2016）推量を表す陳述副詞と共起する
　　　　　　文末表現調査結果 211
　　付録3　アンケート調査票 212
　　付録4　アンケート協力者の回答 222
　　付録5　フィラーに関する研究 235
　　付録6　語例収集 245
参考文献 253

第 1 章　序論

1.1　問題提起

　本研究は現代日本語の「推量」を研究対象に考察をしていく。
　『日本語文法事典』（2014:328）では、以下のように推量を説明している。

　　推量は、述語形式によって表される事態のあり方に関わる意味の一つである。

　日本語では、陳述副詞が推量を表すために重要な役割を果たしている。本研究では、陳述副詞における「推量を表す陳述副詞」を研究の中心に据え、論を進めていく。
　まず、推量を表す陳述副詞の例を参照する。

　(1) **きっと**元気だよ。（新明解 2010:344）
　(2) **たぶん**そうなるに違いない。（新明解 2010:922）
　(3) 彼の言ったことは**どうも**うそらしい。（新明解 2010:1054）
　(4) **もしかすると**助かるぞ。（新明解 2010:1478）

　これらの例はどれも『新明解国語辞典』から取ったものであり、なお、太字は筆者によるものということを断っておきたい。また、意味的な相違については、工藤（2016）をはじめとした先行研究に

よって判明されている。だが、実際の使い方を検討すると、まだ不明な箇所があると思われる。

次の用例を参照する。

(5) <u>もしかしたら</u>、(Dん)(Fま)外国語の先生日本人の先生であれば、<u>例えば、英語の先生であれば</u>、LとRの違いとか、THとかは、<u>直す</u>けれども。
(6) <u>八着とかいう風になりますから</u>、どうも破擦音と摩擦音と<u>促音化する</u>。
(7) <u>そういう(Fその)水にまつわる自然な風景があれば</u>、<u>きっと</u>(Fの)(Fんー)(Fま)(Fあー)青少年の気持ちにもですね、いい影響与えるんじゃないかと。
(8) これは、この(Fあのー)こんなことで、日本語の国語政策はいいのかなと思うんですが、<u>多分</u>。

上の例はCSJコーパスに収集されたものであり、本研究では、F（フィラー）、D（語の断片）、W（言い誤りや不正確な発音）のようなの符号をそのまま残すことにする。更に、波線とアンダーラインは筆者が付けたものであり、波線は「共起する文末表現」を、アンダーラインは「推量の手がかり」を表している。

推量を表す陳述副詞と共起する文末表現、語が文における位置からこの四例を検討すると、次の区別が分かる。（表1-1を参照）。

表1-1 文末表現と語の出現位置における相違

該当例	文末表現	出現位置
(5)	直す	文頭
(6)	促音化する	文中
(7)	んじゃないか	文中
(8)	のかな	文末

表1-1を見ると、共起する文末表現と出現位置に関して、推量を表す陳述副詞に大きな差異があることが分かる。

これを受け、次なる問題を提起しようと思う。

1) 実際使われる時、推量を表す陳述副詞はどのような文末表現と一緒に使われるのか、先行研究において、共起する文末表現をすべてカバーできたのか、また、これらの副詞は文の中でどのような位置に出るのか、具体的に各々の出現位置が何を意味するのか。

更に、例（6）と（7）では、推量を表す陳述副詞は同じく文中に出現しつつも、次のよう違いがある。

表1-2　文中に使われる（6）と（7）における前項内容の相違

該当例	陳述副詞に先行する前項内容
(6) どうも	八着とかいう風になりますから
(7) きっと	そういう（Fその）水にまつわる自然な風景があれば

例（6）では、「八着とかいう風になりますから」という原因を表す表現は「どうも」に先行している。それに対して、例（7）では、「そういう水にまつわる自然な風景があれば」という仮定を表す表現は「きっと」に先行しているというふうに、この二つの例に前項内容による相違が見られる。

また、推量を表す陳述副詞が使用される時、推量を表す以外、別の機能に使用される例も観察できる。次の例（9）を検討したい。なお、本研究において、例（9）のように、推量以外の機能を二重の下線で表している。

(9) その表現ていうのは、(Fま)手段として、たとえば、それは文章を書くことであったり、絵を描くことであったり、で、**もしかしたら、パンを焼くことであったり**、で、勿論お店に立って、ものを売ることであったり、で、例えば普通に話すことであったり、で、**もしかしたら、(Fとー)ボランティアに参加することであったり**、それは直接自分が何かを書いて見せるっていう表現じゃなくても、(Fとー)それは十分に(Fあの)自分の内面を表現できてるっていうことになると思います。

この例では、「もしかしたら、パンを焼くことであったり」、「もしかしたら、ボランティアに参加することであったり」は、文中における「文章を書くこと」、「絵を描くこと」、「ものを売ること」、「普通に話すこと」と同じように表現を表す手段として認められる。この例における「もしかしたら」は、推量を表すのではなく、先行文脈と似たようなことを提示するために使用されたと考えられる。この解釈を受け、次なる問題を提起しようと思う。

2) 推量を表す陳述副詞は推量を表す時、どのような様相を呈しているのか、また如何なる統語的特徴を持っているのか。更に、推量を表す陳述副詞は、如何なる推量以外の機能を持っているのか。

更に、例(10)を参照する。

(10) 【JTM07とJSM01は、ポーランド語の新造語について話しており、JTM07は教師で、JSM01は学生である】[①]

[①] 【】のような符号はコーパスにはないが、本研究では、会話のコンテクストを説明するとき、筆者は付加したものである。例文はBTSJコーパスによるものであり、BTSJコーパスでは、「{<}{>}」は「会話の重なり」を示している。

1　JTM07　だから、外来語の要素を入れた、新造語というくこ
　　　　　とだよね>{<}。
2　JSM01　<あー>{>}。
3　JTM07　たぶんね。

　例（10）では、教師JTM07と学生JSM01は、ポーランド語の新造語について話している。教師は、まずターン1で「新造語」という概念を提示しており、続いてターン3で、「たぶんね」を使い、ターン1で話した「新造語」のことを曖昧なものにしたのである。ここで、もし教師が、学生にはっきりしていないことをはっきりしたこととしてとらえ、学生に話してしまえば、教師自分自身のことを他人からマイナスに評価されるおそれがあるため、あえて陳述副詞の「たぶんね」を使い、自分自身のことを防衛しようとしたと思われる。
　例（10）のように、話し手は推量を表す陳述副詞を使う時、話し手自分自身のことと会話参加者である聞き手のことを常に念頭に置いて使うがゆえに、語用的な機能も帯びていると思われる。
　この解釈を受け、次なる問題を提起しようと思う。

3）話し手は、推量を表す陳述副詞を使う時、どのように話して
　　自身のことと聞き手のことに気を配りつつ、使用しているいる
　　のか、また、推量を表す陳述副詞における位置の違いが語の使
　　用にどのような影響を及ぼすかのか。更に、推量の気持ちを表
　　すため、話し手は推量を表す陳述副詞のほかに、推量を表す陳
　　述副詞と連動してどのような表現が使われるのか。

　この三つの研究設問を解決するために、従来の研究と異なった視点から検討する必要があると思われる。

1.2 研究対象

　本節では、本研究で扱う推量を表す陳述副詞の際限を明らかにしたい。工藤（2016:27）は、下述のように推量を表す陳述副詞を四つのグループに分けている。

　推量的な副詞群は、四つにひとまず分けられよう。かりに名まえもつけておけば、

①確信：　きっと　かならず　ぜったい（に）
②推測：　おそらく　たぶん　さぞ　おおかた etc.
③推定：　どうやら　どうも　よほど
④不確定：　あるいは　もしかすれば　ひょっとしたら etc.

　また、「確信群」、「推測群」、「推定群」、「不確定群」はバラバラではなく、内部に連続的な関係が存在しているのである。これについて、工藤（2016）は以下の二つの面で前述した副詞群が連続的関係を有していると述べている。
　その一、蓋然性について。対象面より言うと事態実現の蓋然性（確実さ）が、作用面より言うと話し手の確信の度合いが、確信群から不確定群へと、度合が低くなっていくのである。
　その二、叙法性について。確信群の「きっと」、推測群の「たぶん」、確定群「どうやら」、不確定群の「あるいは」などの叙法性の度合、確信群から不確定群へと、叙法性・「辞」性が強弱的に連続しているのである。
　上述した説明を受けて、本研究では、『分類語彙表』（国立国語研究所（2014））、『現代副詞使い方辞典』（飛田・浅田（2014））を参考にした上、工藤（2016）を軸に、三者が共通した陳述副詞を

選び、副詞と認定できないものを除いた後、以下の 10[①]の陳述副詞を研究対象として絞ることができた。

①確信　きっと　必ず　絶対（に）
②推測　多分　恐らく
③推定　どうも　どうやら
④不確定　もしかしたら　ひょっとしたら　あるいは

なお、『大辞林』（1999）では、「もしかしたら」は「もしかすると」、「もしかするて」と同じく扱われるため、本研究でもそれに沿い、この三つの副詞を同一な言葉として扱う。

同様に、『大辞林』（1999）では、「ひょっとしたら」は、「ひょっとして」、「ひょっとすると」、「ひょっとすれば」と同じく扱われているため、本研究でもそれに沿い、この四つの副詞を同一な言葉として扱う。要するに、これらの言葉の細かな意味の相違に関しては、深入りしないことにする。

本研究は、前述の視点に立ち、推量を表す陳述副詞に重きを置き、推量を表す陳述副詞の全貌を解明していきたいと思う。

1.3　研究データ

本研究は、特記がない限り、国立国語研究所・情報通信研究機構・東京工業大学によって共同開発された CSJ コーパス（「日本語話し言葉コーパス」）をデータとして利用する。

本コーパスは、日本語の自発音声を大量に集めたうえ、多くの研究用情報を付加した話し言葉研究用の大規模なデータベースであり、なお、時間にして約 660 時間の自発音声（語数にして約 700 万語）が収録されている。

---

①　本研究では、「さぞ」は使用例が少ないのを理由に、「おおかた」は漢語を理由に、同様に研究対象から除外することにする。（コーパスから「さぞ」はわずか 8 例）

本研究の検索方法は、該当する語をキーワードで検索する。その結果の表 1-3 にまとめた。（計 9586 件）

表 1-3　コーパスデータの詳細

	研究対象	件数
確信	きっと	520
	必ず	1266
	絶対に	998
推測	多分	1688
	恐らく	481
推定	どうも	809
	どうやら	69
不確定	もしかしたら	232
	ひょっとしたら	82
	あるいは	3441

1.4　本研究の構成

本研究は次の六章からなる。

第 1 章では、研究設問を設定したうえ、研究対象、研究構成を明らかにし、研究データを提示する。

第 2 章では、先行研究をまとめたうえ、研究課題を明らかにする。

第 3 章では、推量を表す陳述副詞と共起する文末表現を補完し、文における出現位置の実態を把握したうえ、各語の形式上の使用特徴を解明する。

第 4 章では、推量手掛かり「p」と認識内容「q」との関係に基づき、統語的機能を明らかにしたうえ、グループ別の特徴を解明する。

第 5 章では、推量を表す陳述副詞の語用的機能を解明する。

第 6 章では、本研究の研究結論を総括したうえ、今後の研究課題を提示する。

第2章　先行研究及び研究課題

　第2章では、文法と語用における先行研究をまとめたうえ、研究課題を明らかにする。具体的に、2.1節では、文法の角度から先行研究をまとめる。2.2節では、語用の角度から先行研究をまとめる。更に、2.3節では、文法上の課題と語用上の課題に分け、研究課題を提示する。

2.1　文法における先行研究

　山田（1936）を皮切りに、陳述副詞に関して命名、定義、特徴等諸角度から数多くの研究が行われ、研究成果をたくさんあげた。これらの先行研究は、陳述副詞全般に関するものであり、本研究では、まず2.1.1節で陳述副詞全般に関する論述を概観したうえ、2.1.2節で推量を表す陳述副詞に特化した研究を見ていきたい。

2.1.1　陳述副詞に関する先行研究

　本節では、山田（1936）、時枝（1950）、橋本（1959）、渡辺（1971）、中右（1980）、益岡・田窪（1992）、森本（1994）、俞（1999）、王（2010）、工藤（2016）の論説を時間順に沿って概観しておく。

2.1.1.1　山田（1936）の研究

　山田（1936）は「副詞は語形に変化なく、常にその依りて立つべき語句の前に存するものなりとす」というように副詞を定義している。更に、副詞を次のように分類している。

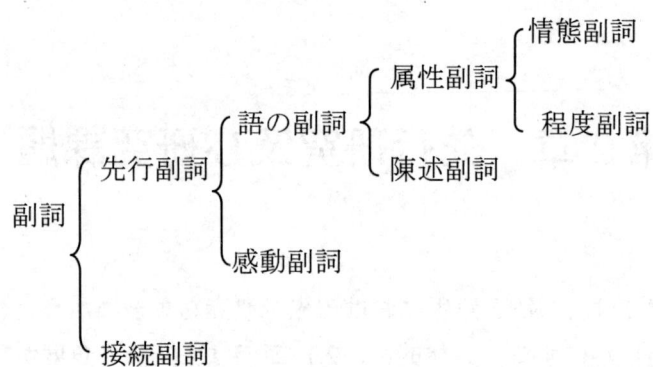

山田（1936）は「陳述副詞は述語の陳述の方法を修飾するものにして、述語の方式に一定の制約があるもの」とし、陳述副詞を次のように分類している。

A．述語に断言を要する副詞
　一、肯定を要するもの
　　　必ず　最も　是非　正に
　二、打消を要するもの
　　　いさ　え　さらさら　つやつや　つゆ　ゆめ
　三、強めたる意を表すもの。述語はその意によりて肯定
　　　または打消をなす
　　　いやしくも　さすが
　四、決意を表すもの
　　　是非　所詮
　五、比況を表すもの
　　　恰も　さも
B．述語に疑惑仮説等にわたるものを要する副詞
　一、述語に疑問の語を要するもの
　　　など　なぞ　いかが　あに　いかで
　二、述語に推測の語を要するもの
　　　けだし　よも　をさをさ

三、述語が仮定条件を要するもの
　　もし　たとい　よし

　以上は文語が多く、主として述語に「断言」を要するか、「疑惑仮説」を要するかと、共起の観点から分類したものである。しかし、陳述副詞に、「やはり」のように、共起関係を持たないものも実際存在しているので、共起関係から分類すると、共起関係を持たないものがそこから排除されることになる。

2.1.1.2　時枝（1950）の研究

　時枝（1950）は言語過程説を提唱し、この説では、「思想内容或は表現される事柄を、一旦客観化し、概念化した」ものを「詞」とし、「客体界に志向する言語主体の感情、情緒、意志、欲求等を表すもの」を「辞」とした。また、普通の副詞を「詞」に関わるものとし、これとは別に、陳述副詞を「辞」に関わるものとした。
　時枝（1950）は次の三例を用いて説明している。

a 明日はおそらく晴天だろう。
b 彼はあのことを決して忘れない。
c もし君が行けば僕も行く。

　時枝（1950）は「陳述副詞と云はれてゐるものは、云はば、陳述が上下に分裂して表現されたもので、「無論……だ」「決して……ない」「恐らく……だろう」を一つの辞と考えるべきであらう」としている。
　だが、これについて杉村（2012:23）は次のように指摘している。

　たしかに、陳述副詞にはこのような共起関係が見られる。しかし、時枝のいうように上下で一つの辞と考えるのは問題である。なぜならば、これらは古語の「な〜そ」のような一対一対応の関係に

あるわけではないからである。事実、「キット」は「行くだろう」（推量）、「行きます」（意志）、「行け」（命令）、「行こう」（勧誘）など複数の表現と共起するし、「ダロウ」も「キット」、「タブン」、「オソラク」など複数の副詞と共起する。したがって、副詞の意味とその呼応先の意味はそれぞれ別に考える必要があると思われる。

2.1.1.3　橋本（1959）の研究

橋本（1959:116）は形態論的な観点から陳述副詞を分析した。陳述副詞の特徴を次のように要約している。

1. 陳述副詞は陳述の態度を制限する
2. これに応じる用言は陳述をなすと考えられる
3. これらはほとんどの場合呼応関係をもつ
4. このクラスは他の副詞によって修飾されない
5. このクラスは述語にならず、またほかの副詞を修飾しない

橋本（1959）は形態論の観点から陳述副詞の特徴をまとめた。また、山田（1936）にあがっている「かならず」を反例に、「決意を表すときは、必ずしも述語の形式を限定しない」と指摘している。このように「呼応は陳述副詞を決定する基準とはならない」との主張が前の論述より進んだと言えよう。

2.1.1.4　渡辺（1971）の研究

渡辺（1971:117　下線筆者）は構文機能から副詞を連体副詞、連用副詞、誘導副詞①、接続副詞、並列副詞、陳述副詞（感動詞）と六種類に分類した。

誘導副詞に関しては、次のように指摘している。

---

① 「誘導副詞」は本研究で言う「陳述副詞」

例えば「決して」や「もし」が否定を表わし仮定を表わす、と考えるのは適当ではないであろう。否定や仮定の表現は何かの素材的要素を対象として成立し、その素材的要素を完全に支配する。美しくない　桜ならという場合、否定の表現は素材的要素「美しい」を完全に支配しているが、こういうのが否定の表現なり仮定の表現なりの真のあり方である。これに対して決して美しくないもし桜だという言い方が、否定表現や仮定表現で有りえないということから明瞭なように、「決して」や「もし」は、否定そのものを表現し仮定そのものを表現するとは認められないのである。それらの役割は真の否定表現や真の仮定表現に先行して、その真の否定表現・真の仮定表現の予告をする、というに留るのである。これが本書の誘導の副詞である。<u>すなわち表現の本体は後続する部分にあり、その後続する本体を予告しそれを誘導する、それがこの関係構成的職能の実質であるということができる。</u>（後略）

また、陳述副詞のほかの特徴も言及している。（渡辺1971:133）

ここでもうひとつ注意しておいてよいのは、陳述副詞の類がそえられても、述語のまとめる叙述内容は、内容量的に決して増減の影響を受けないという事実である。

更に、渡辺（1971）は誘導副詞を態度の誘導副詞と注釈の誘導副詞に二分類した。従来の陳述副詞は前者に対応するのに対し、「もちろん」、「あいにく」、「せめて」、「おまけに」などの類は後者に属すると主張している。注釈の誘導副詞は、述語との共起関係および記述内容への効果という点で、態度の誘導副詞と同様な特徴を持つためである。

渡辺（1971）の研究で、機能上、誘導副詞と誘導対象を分離したのに加え、陳述副詞が内容量的に影響を受けないと主張したことは

評価できる。特に後者が陳述副詞の核心となる特徴と発表者は考えている。そうとは言うものの、ただ誘導という概念から陳述副詞の概念を完全に明かすことができるかどうかは議論の余地があると思われる。

2.1.1.5 中右（1980）の研究

中右（1980）は文を「命題」と「モダリティ」に分けたうえ、副詞を命題の内側にある「命題内副詞」と命題の外側にある「命題外副詞」の二つに分類している。各種類に具体的に、次のような下位分類が含まれている[①]。

命題外副詞
（1）価値判断の副詞（運悪く、あいにくなど）
（2）真偽判断の副詞（おそらく、多分など）
（3）発話行為の副詞（ついでながら、ちなみになど）
（4）領域指定の副詞（建前としては、表向きはなど）
（5）接続副詞
命題内副詞
（6）時・アスペクトの副詞
（7）場所の副詞
（8）頻度の副詞
（9）強意・程度の副詞（決して、まったくなど）
（10）様態の副詞

中右（1980）の分類を見ると、命題外副詞がほぼ陳述副詞に対応することがわかる。だが、「全然」、「決して」、「まったく」、「たとえ」、「かりに（も）」など本来、陳述副詞の類に属するものが命題内副詞における「(9)強意・程度の副詞」に分類されている。

[①] ここで本研究に関係のある部分で例を挙げることにする。

この点について、中右（1980:166）自身も次のように認めている。

この分類で（9）に含まれる一部の副詞については問題が残る。第1に、強意の副詞と程度の副詞を分ける明確な論拠が求められる。第2に、強意の副詞は、概して、命題外副詞（モダリティの副詞）とするのが妥当だと思われる理由がある。例えば、「ない」と呼応関係にある「決して」、「到底」、「ほとんど」など。

2.1.1.6　益岡・田窪（1992）の研究
　益岡・田窪（1992:46）は修飾機能から副詞を分類し、「述語の修飾語として働くもの」と「文全体の修飾語として働くもの」というふうに分けた。そして、陳述副詞は「文修飾副詞」に属し、文末ムードの表現と呼応する副詞であると定義した。更に、陳述副詞を次のように分類している。

　疑問と呼応するもの、「いったい、はたして」
　否定と呼応するもの、「決して、必ずしも、とても、とうてい」
　依頼・命令・願望と呼応するもの、「ぜひ、なんとか、どうか、どうぞ」
　概言・確信と呼応するもの、「おそらく、たぶん、さぞ、まず、どうも、どうやら、きっと、必ず、絶対、確か、まさか、よもや」
　伝聞と呼応するもの、「なんでも」
　比況と呼応するもの、「まるで、あたかも、さも」
　感動と呼応するもの、「なんと、なんて」
　従属節において条件・譲歩の表現と呼応するもの、「もし、万一、かりに、たとえ、いくら、いかに」

　益岡・田窪（1992）は陳述副詞を「文の副詞」とし、文全体に対して修飾語として働くと主張している。この点は従来の研究と異なるがゆえに、特筆に値するのであろう。ただ分類の基準がやはり「呼

応」に着目しており、「疑問」、「否定」と「依頼・命令・願望」と「従属節において条件・譲歩の表現と呼応するもの」などは異なる文法カテゴリーに属するが、同一カテゴリーに入れるのには抵抗感を感じる。

2.1.1.7　森本（1994）の研究

森本（1994:26）は SSA 副詞（a speaker's subjective attitude）を次のように定義した。

話し手が自分の言うことに対し、主観的/心理的態度を表現するものであって、文の主語として表される行為作用主体の主観的/心理的態度を表現するものではない。

更に、統辞論の観点から、文の基本的タイプにおける生起という点から、「たぶん」、「きっと」、「おそらく」、「かならず」、「まさか」、「ぜったい」、「さぞ」、「たしかに」、「ひょっとしたら」、「たしか」、「さいわい」、「あきらかに」、「あいにく」、「どうぜ」、「どうも」、「しょせん」、「どうやら」、「けっきょく」、「どうか」、「やはり」、「どうぞ」、「じつは」、「ぜひ」、「事実」、「もちろん」、「しょうじき」、「寛容にも」、「賢明にも」等 29 もの SSA 副詞を次のように性格づけている。（森本 1994:42）

[1] SSA 副詞は（大部分）疑問文に現れないが、ほかの副詞は（大部分）現れる。
[2] SSA 副詞は否定されない（否定のスコープの外にある）が、ほかの副詞は（大部分）否定できる。

この上、平叙文に使えるか、過去平叙文に使えるか、ダロウ構文に使えるか、ラシイ構文に使えるか、ウ/ヨウ構文に使えるかなどそ

れぞれテストを行い、SSA 副詞を次のように分類している。

【グループ A［＋平叙文］】
　グループ A1［－過去平叙文］
　　　　A11［＋だろう］　たぶん　おそらく　さぞ　まさか
　　　　　　　　　　　　　きっと　かならず　ぜったい
　　　　　　　　　　　　　ひょっとしたら
　　　　A12［＋だろう］　どうぜ　しょせん
　　　　A13［－だろう］　どうも　どうやら
　グループ A2［+過去平叙文］
　　　　A21［＋だろう］　やはり　けっきょく　とうぜん
　　　　A22［－だろう］　さいわい（に（も））あいにく
　　　　　　　　　　　　　うんよく　寛容にも
　　　　A23［－だろう］　たしかに　たしか　あきらかに
　　　　　　　　　　　　　もちろん　じつは　事実
　　　　A24［－だろう］　しょうじき
【グループ B［－平叙文］】
　　　　B1［－意向文］　どうぞ　どうか
　　　　B2［＋意向文］　ぜひ

　森本（1994）の研究は従来の研究と異なり、統辞論の視点から共起関係から 29 もの SSA 副詞を分類したのは重要なポイントである。ただ、分類の基準が形式に拘り、機能の面から、特に談話の機能から研究していない。

2.1.1.8　兪（1999）の研究
　兪（1999）は文が「話者によって客観的に描かれた現実世界の状況」（叙述内容）と「それに対する話者の主観的態度」からなると主張している。この捉え方に基づき、副詞を「客観的な事柄即ち叙法内容に関わってそれを具体化するものと、叙述内容（の情報量の

増減）に直接関わらず話し手のある種の感情・態度を明確に表すもの」とに分けている。後者を「呼応の副詞」①と呼ぶことにしている。更に「叙述内容を詳しくせず、文末述語に特定の呼応表現（陳述部分）を要求して話者の気持ちや態度を示す」ことを特徴とする副詞の一語群を「呼応関係をもつ副詞」と定義を下している。

更に、「呼応の副詞」の特徴を次の点にまとめている。

その一、呼応関係を持っていても、必ずしも陳述副詞とは言えない（例えば、「せっかく」）。

その二、呼応の副詞の共起表現は多種多様で必ずしも一対一で対応するとは限らない。

その三、呼応の副詞と文末形式と意味上の統一性を持つ。

俞（1999）の副詞の分類は「客観的な事柄を具体化するもの」と「話し手の感情、態度を表すもの」となっており、基本的に「命題」と「モダリティ」の考えによる分類とさほど相違が見られない。また、王（2010）も「俞は、呼応関係を持っているかどうかで陳述副詞であるかどうかを判断するわけではないと強調している点で、一歩前進しているものの、結局「呼応の副詞」と「呼応を持たない副詞」の説明で終わっている。陳述副詞については議論がなされていない」と指摘している。

2.1.1.9　工藤（2016）の研究

工藤（2016）は、「単語や単語の組み合わせが、言語活動の最小単位である『文』として成り立つために持たされる、話し手の立場から取り結ばれる文法的諸特性」というふうに「陳述性」を規定している。更に、「陳述性」を「叙法性・かたりかた」、「評価性・ねぶみ」、「感情性・きもち」、「対人性・もちかけ」、「待遇性・ていねいさ」、「題術関係・係り結び」、「対照性・とりたて」に分けている。

---

① ここで言う「呼応の副詞」は本研究で言う「陳述副詞」

更に、陳述性の観点から、副詞を「叙法副詞」[①]、「評価副詞」と「とりたて副詞」[②]に下位分類した。また、工藤は「叙法性」という概念を提唱し、「話し手の立場から定められる、文の叙述内容と、現実および聞き手との関係づけの文法的表現」と定義している。この定義に従うと、「叙法動詞」は文の叙法性にかかわりを持つものであるということになる。

工藤（2016）は陳述副詞を約 200 も挙げており、杉村（2012）は、「分類基準が恣意的で検討の余地が残されている。」と指摘している。また、研究対象を 200 個近くするのは量的にも負担が多いと考えられる。

2.1.2 推量を表す陳述副詞に関する先行研究

本節では、研究焦点を推量を表す陳述副詞に特化し、主要な先行研究を挙げておきたい。

2.1.2.1 中右（1980）と益岡・田窪（1992）の研究

中右（1980）は、「たぶん」、「きっと」、「ひょっとして」を真偽判断のジャンルにカテゴライズしている。。

それに対して、文末の共起表現に着眼した益岡・田窪[③]（1992）は、「きっと」、「たぶん」、「どうも」を「概言・確信と呼応するもの」にカテゴライズしている。

2.1.2.2 森本（1994）の研究

森本（1994）は「過去平叙文」、「だろう」との共起関係を尺度に、「きっと」、「たぶん」、「ひょっとしたら」、「どうも」を特徴づけている。「たぶん」等前の三個の副詞は、「過去平叙文」

[①]「叙法副詞」は本研究で言う「陳述副詞」。
[②]「評価の副詞」は渡辺（1971）の注釈の副詞に相当する。
[③] 益岡・田窪（1992）では「ひょっとしたら」については言及していない。

では成立できない、「だろう」と共起しやすい。一方、「どうも」は同じように「過去平叙文」では成立できないものの、「だろう」と共起しにくいと主張している。

また、「きっと」、「必ず」、「絶対」、「どうも」、「どうやら」の使い方について個別的に研究を展開している。

①「きっと」について

「きっと」の使い方には、次の二点の特徴があると森本（1994:78-79）は指摘している。

その一、「たぶん」より「きっと」の方は、蓋然性が高い、また基本的平叙文と使われる割合が高い。

その二、認識的機能のほかに、「きっと」はより客観的な使い方を有し、過去平叙文と一緒に使われることが可能である。

②「必ず」について

「必ず」の使い方には、次の二点の特徴があると森本（1994:78-79）は指摘している。

その一、認識的機能に関しては、「多分」より「必ず」の方は、蓋然性が高い、また基本的平叙文と使われる割合が高い。

その二、認識的機能のほかに、「必ず」はより客観的な使い方を有し、過去平叙文と一緒に使われることが可能である。

③「絶対」について

「絶対」の使い方には、次の二点の特徴があると森本（1994:78-79）は指摘している。

その一、「絶対」も同じく、過去平叙文に出ることが可能だが、話し手自身の主張をより強く主張する。

その二、「絶対」は認識的機能の逸脱を有する「必ず」、「きっと」と異なり、認識的機能をより強く持っている。また、蓋然性においては、「絶対」は最もピークに接近している。

④「どうも」の使い方について

「話し手から見れば、特定することが困難な場合、話し手はよく『どうも』を使用する。また怪しむや疑うなどの気持ちを表す場合

よく使われる」と森本（1994:84）は指摘している。

⑤「どうやら」の使い方について

「基本的に『どうも』と同様な構造を持っており、蓋然性に欠けている。だが、不明確から明確への動きという点で特定されると言えるだろう」と森本（1994:84）は指摘している。

2.1.2.3　俞（1999）の研究

俞（1999）では、「推量」を表す副詞が、「否定」、「疑問」、「願望」、「仮定」を表す副詞とともに①「呼応の副詞」にカテゴライズされている。

次に、「ある事柄に対して話し手は自身の予想・想像により、その事柄の確実性・実現性を叙述したものだ」というふうに「推量表現」について定義を下している。更に以下のように補足をしている。

もちろん、推量表現は、ア②の文末形式においても、イ③の呼応の副詞においても、客観性の度合（証拠的か感覚的か）や確信度（蓋然性）の強弱によって更に分けて見ることができる。（俞 1999:106）

俞（1999）も、蓋然性と客観的度合の視点から推量表現に連続的なつながりがあると認めている。

その上、「きっと」、「たぶん」、「どうも」、「ひょっとしたら」の特徴を詳しく論じている。

───────────

① 更に、呼応の様式にも「キツイ呼応」と「ユルイ呼応」に分けている。「推量」を表す表現は多次元的な文末表現と共起する「ユルイ」呼応に属しているとし、これらの多次元な呼応関係が話し手のポライトネスに関連があると想定される。

② ア、文末形式—だろう、に違いない、はずだ、らしい、ようだ、（し）そうだ、かもしれない、のではない（だろう）か、まい…

③ イ、呼応の副詞—きっと、必ず；多分、おそらく；どうやら、どうも；ひょっとして、もしかしたら；まさか…

①「きっと」
　話者は自分、もしくは自分以外の人を推測する時、「きっと」を使う。言語主体に人称による制約を持たない。
②「たぶん」と「ひょっとして」
　「推量」の意味が中心的な意味で、「きっと」と同様に、言語主体に人称による制約を持たない。
③「どうも」
　話者はある具体的な事柄に対して不確かな判断を下す時、「どうも」を使う、また、「きっと」、「たぶん」、「ひょっとして」と違い、言語主体に人称による制約があり、第三人称が使うのはほとんどである。

2.1.2.4　杉村（2009）の研究

文末との共起関係に着眼した杉村[①]（2009）は以下のように陳述副詞の意味的な区別を説明している。

「きっと」
　事態の実現に向けて、話者の強いを表す時、「きっと」を使う。
「多分」
　推論における話者の一つの直感的な帰結を導いた時、「多分」を使う。
「恐らく」
　推量判断における根拠に基づいた一つの帰結を導いた時、「恐らく」を使う。
「もしかすると」
　話者は、発話する前に、事態が成立する可能性を予想していなかったが、発話時点になると、同一事態が成立する可能性もありうると判断した時、「もしかすると」を使う。

[①] 杉村（2009）では「ひょっとしたら」と「あるいは」については、分析されていない。

「どうも」
話者は事態の成立が不確定であるに加え、認識がはっきりしていない時、「どうも」を使う。
「どうやら」
ある基準値に当該事態がほぼ近づいた時、「どうやら」を使う。

2.1.2.5　工藤（2016）の研究

工藤（2016）は、推量を表す陳述副詞を現実認識的な叙法の下位分類に入れ、そのうえ具体的に確信群、推測群、推定群、不確定群に分類している。それにこの四種に相互関係があると主張している。

工藤（2016）はまず「叙法性」という概念を提示しておき、そのうえ、「基本叙法」と「副次叙法」を次のように特徴づけている。

「基本叙法」とは、
　①発話時のもの、②話し手のもの
という二つの特徴があるとしている。
これを受けて、
・彼はつかれているらしかった。＜過去形＞
・銃声らしい物音が遠く聞こえていた。
＜連体形＞＜主文過去形＞

等は話し手の推定ではあるが、発話時のものではないため、基本叙法とは認められない。

2.1.1.9 で説明したように、工藤（2016）は推量を表す陳述副詞において、対象面における事態実現の蓋然性が、作用面における話し手の確信の度合が、確信から不確定の方向で下がっていくと認めて

いる①。また過去や連体節内の推量—蓋然性と呼応する使い方を算出し、その数値から「きっと」、「たぶん」、「おそらく」、「あるいは」、「どうやら」②との間で、叙法性の強から弱への連続があると指摘している。

具体的に、工藤（2016）はまず、「過去—蓋然性」、「連体節内—蓋然性の数値」の比例を算出した。次に、その比例を逆算した。そうことによって叙法性の強さを表している。つまり、連体節内の推量—蓋然性と呼応する用法の数値が高ければ高いほど、叙法性が低くなる、裏を返せば、推量—蓋然性と呼応する用法の数値が低ければ低いほど、叙法性が高くなるということである。

2.1.2.6　その他の研究

前述の文献以外に、『現代副詞使い方辞典』（飛田・浅田（2014））における「きっと」、「たぶん」、「どうも」、「ひょっとしたら」を解説した箇所を掲載しておく。

1. 「きっと」

（11）明日は**きっと**雨は降らないよ。
（12）靴がないから、彼は**きっと**帰ったのだろう。
（13）（失恋した友人に）いつか**きっと**いい人が見つかるよ。
（14）「明日、君のところへ行くよ」「**きっとね**」

---

① 更に、確信の前に、「もちろん」、「むろん」などの「断定（確認）」がある。不確定の延長上に「はたして/いったい……（だろう）か」、「さあ（どうかなあ）」など＜うたがい＞や＜ためらい＞があると工藤（2016）が指摘している。

② 過去・連体節内の推量—蓋然性の使用頻度は具体的に、①「きっと」では 2.5%、②「たぶん」では 6.8%、「おそらく」では 7.7%、④「あるいは」では、10.6%、③「どうやら」では 23.9% となっている。また、ここでは、叙法性において、④と③の位置が逆転する形になるが、本研究で、連続性のみ強調するため、問題にしないことにする。

（15）この仕事は明日までに**きっと**しあげといてくれ。
　（16）お金は期限までに**きっと**お返しします。

　『現代副詞使い方辞典』では、「きっと」の使い方について、以下の記載がある。
　「きっと」はプラスなイメージを持つ言葉であり、確信をもっていることを表し、しかもこの確信は主観的な確信である。それに、客観的な根拠は暗示されないことが多い。
　また、「きっと」は文の主体に何らかのかかわりを持っている。文の主体は物事（例（11）の「雨」）、第三者（例（12）の「彼」）の場合、話し手が確信をもって推量することを示している。また文末に常に推量の表現が付く。（例（12）の「のだろう」）。一方、文の主体は聞き手の場合、（例（13）の「失恋した友人」）、聞き手に対する話し手の強い信頼を示すことに加え、その事の実現に向けて、話し手の強い要望をも示している。例（13）では、「今は失恋したが、いい相手が見つかる」という話し手の要望を、例（14）では、「ぜひ来てください」という話し手の要望を、例（15）では、「締め切りまでにこの仕事を終わらせてください」という話し手の要望を示している。最後に、文の主体は話し手の場合、話し手自身の強い意志を示している。例（16）では、「期限までにお金を必ず返す」という話し手の強い意志が窺える。

2.　「たぶん」

　（17）来るなと言っても、彼は**たぶん**来るだろう。

　『現代副詞使い方辞典』では、「たぶん」の使い方について、以下の記載がある。
　話し手の主観に基づいた推量を示し、客観的な根拠は暗示される。また、推量される事柄の実現する可能性が高くない。更に、イメー

ジの良し悪しとは関連がないのみならず、推量される事柄が好ましいか、好ましからざるかとも関連がない。最後に、推量表現を伴う場合が多い。（例（17）の「だろう」）

3．「どうも」

(18) 天気予報によると、明日は**どうも**雪らしい。
(19) **どうも**彼女が怪しく思えてしかたがない。
(20) **どうも**どっかで見た顔だと思ったら、宮下君じゃないか。

『現代副詞使い方辞典』では、「どうも」の使い方について、以下の記載がある。
　話し手の不確定な気持ちを示し、それに客観的な根拠があるとは限らない。また、少しマイナスなイメージを帯びている。更に、推量表現を伴うことが多い。（例（18）の「らしい」、例（20）の「じゃないか」）。

4．「ひょっとしたら」

(21) 「モンタージュ写真を見て」この犯人**ひょっとしたら**隣の息子じゃないかしら。
(22) 「みどり、遅いわね」「彼女、**ひょっとしたら**来ないかもしれない」
(23) 応募書類、出してみたら？**ひょっとしたら**締切に間に合うかもしれないから。

『現代副詞使い方辞典』では、「ひょっとしたら」の使い方について、以下の記載がある。
　推量される事柄の実現する可能性が極めて低いことを示している。また、推量表現を伴うことが多い。（例（21）の「かしら」、例（22）、

(23) の「かもしれない」)。更に、事柄の実現する可能性が全くないとも限らないというニュアンスもあるため、話し手の何らかの心情を伴うのである。具体的に分析すると、例 (21) では、「この犯人は隣人の息子ではないか」と非常に危惧している。例 (22) も同様に、「みどりさんは来ないのではないか」と不安げな気持ちをにじませている。一方、例 (23) では、「応募種類を出せば、期限に間に合うのではないか」と微かな希望を持っている、というふうに話者の気持ちを感じる場合が多い。

2.1.3 文法における先行研究のまとめ

以上、文法の観点から、推量を表す陳述副詞の先行研究を見てきた。上述の文献から、推量を表す陳述副詞に連続性があるということを確認することができた。また、これらの文献は主に文末表現との共起関係を切口に、意味論の視点から検討したものである。ゆえに文法の視点からまだ次のような課題が残っていると思われる。

1) 形式上、まだはっきりされていないところが残っている。

先行研究では、推量を表す陳述副詞と共起する「文末表現」についての考察が不十分である。また、先行研究では、推量を表す陳述副詞が文の中に占める位置についてはまだ考察が成されていない。具体的に次に二点に分けて論じていきたい。

①推量を表す陳述副詞と共起する文末表現の考察にはまだ未出現のものが存在している。

形式上、推量を表す陳述副詞が常に何らかの文末表現を伴うのはこの種の副詞の特徴となっている。また、杉村 (2009) と工藤 (2016) はこれらの文末表現を詳細に考察を行った。しかし、両氏の考察に挙げていない文末表現が現に存在しており、しかもその数がけっし

て少ないとは言えない。ゆえに、大規模な調査を通して、共起する文末表現を補完する必要性が出てくると思われる。

(24) きっと（F ん）歩いてって、見つけた<u>のか</u>、ちょっと分からないんですけど。（432例中、出現数は14例）

(25) （F えー）**多分**、(D す)どんなに貧しくても、(F あーー)自分に与えられている環境や(F え)状態に対して、(F あの)感謝の気持ちっていうのを持ち続けているから、あのような(D (?あ))凄い生き生きした表情になる<u>んじゃないかな</u>と思いました。（1461例中、出現数は61例）

(26) **ひょっとしたら**通り過ぎてしまう<u>じゃないのかな</u>と思いがして。（82例中、出現数は4例）

　例（24）、（25）、（26）は筆者がコーパスから抽出した例であり、推量を表す陳述副詞は太字で示し、共起する文末表現は波線で示すことにした。また各例の最後の括弧にあるものがその副詞と共起する文末表現の数である。調査の結果から分かるように、「きっと」はトータルで432例あるが、共起する文末表現「のか」はトータルで14回も出現している。同じように「多分」1461例中、共起する「んじゃないかな」は61例もある、更に「ひょっとしたら」82例中、共起する「じゃないのかな」は4例がある。

　しかし、杉村（2009）と工藤（2016）は文末表現を考察した際、先ほど挙げた文末表現をリストアップしていないのが現状である。よって大規模な調査をもって考察されていない文末表現を補いたい。

　②語の出現位置は考察されていない。

　Suzuki（2015）は語の出現位置から英語の推量を表す陳述副詞の考察を試みた。だが、同じ角度から日本語における推量を表す陳述副詞の考察がまだ成されていない。よって語の出現位置から考察を

したい。

2) 推量を表す陳述副詞に関して、推量の定義に基づいた統語的機能はまだはっきりされていないところが残っている。

木下（1999:19）[①]では、推量を次のように定義をしている。

「推量」[②]とは一つ以上の根拠から帰結を導くこと

また、これについて杉村（2009:13）では、「命題pならば命題q」という知識を持つ人が、「p」（手がかり）の存在を根拠にして、「q」（認識内容）を導くというふうに解釈を加えている。

具体的に、推量を表す陳述副詞を分析してみると、「p」（手がかり）と「q」「認識内容」との関係によって次のようなパターンがあることを見出すことができた。

まず、推量文に、手がかり「p」が言語化されたか、言語化されていないかによって、次の二種類に分けることができる。次の二例を参照されたい。

① 「p」が言語化された場合

(27) 無人島だから、ヤシの実は、きっとあるはずだから。

② 「p」が言語化されていない場合

[①] 木下（1999）の用語では、「推量」は、「推論」となっている。本研究では、「推量」と同一概念であるため、「推量」と呼ぶ。

[②] 推量には、「演繹推量」と「帰納推量」の二つの種類があるとしている。本研究では「推量」は「演繹推量」であるということを指す。

(28) （Fま）現存、現存する最大のコーパスは、**多分**（Fま）百万語、（Fえ）規模の、（Fえー）ところにとどまってまして。

推量の手がかり「p」と認識内容「q」との関係により、前述の二例を次の二種類に分類することができる。

表2-1　例（27）と（28）における推量の種類

該当例	手がかり「p」	認識内容「q」
27	無人島だ	ヤシの実はきっとある
28	現れていない	現存する最大のコーパスは、多分百万語規模のところにとどまって（いる）

例（27）と（28）を比較すると、次の相違が分かる。

例（27）では、手がかり「p」（「無人島だ」）と認識内容「q」（「ヤシの実はある」）が共に出現している。それに対して、例（28）では、手がかり「p」が後景化し、出現していない、認識内容「q」（「現存する最大のコーパスは百万語規模のところにとどまって（いる）」）のみ出現している。

また、手がかり「p」の相違によって、「『p』が言語化された場合」を更に具体化することができる。

(29) 四国の香川県なんですけれども、（Fま）何分田舎の人だていうせいも（Fまー）**きっと**あったんでしょうが。
(30) （Fその）インドからの手紙も来まして、**きっと**、（Fあの）（Fま）招待状じゃないけれども。
(31) （Fあーのー）早め、早めの（Fあの）予防措置を取っていれば、こういうことは、なかったと思いますが、もう、**あるいは**、どこかの牛の餌になっているかもしれません。
(32) それに、（D（?）んー）何てたって、南国の島ですから、**多分**、獣はいるはずです。

例 (29) から (32) までの例は、いずれも、手がかり「p」（下線）が言語化されたものであり、話し手はこれらの手がかり「p」から認識内容「q」を引き出したわけである。しかし、詳しく見ると、この四つの手がかり「p」は必ずしも同じではないことが分かる。

①話し手は、推量を展開する際、まず推量する対象をはっきりさせる必要がある。即ち、あらかじめ何について推量をするのかを明らかにする必要がある。例 (29) では、話し手は、まず「四国の香川県なんですけど」という情報を提示し、それをベースに、「(提示した) 何分田舎の人だていうせいもあったんでしょうが」という認識内容を引き出した。一方、例 (30) も、同じように、話し手はあらかじめ推量の前提（「インドから手紙が来た」）を提示し、その上、認識する内容（「この手紙は招待状ではない」）を引き出したわけである。なお、例 (29) と例 (30) は、どちらも架空のものではなく、現実に存在するものについて推量をしていることが自明なことであろう。
②話し手は、推量を展開する際、仮定のものについて推量をするケースもある（例 (31)）。ここでは、推量する条件（仮定）が推量の前提となっている、話し手は、この仮定の条件をベースに、後続する認識内容を導くわけである。例 (31) を例に取って説明すると、話し手は、「早めの措置を取る」という条件を推量の前提に、「どこかの牛の餌になっているかもしれない」という後続する認識内容を引き出したのである。
③話し手は、推量を展開する際、推量の対象、推量の条件以外、推量の根拠もはっきりさせる必要があるのである。ここで、話し手は、この根拠を踏まえたうえで後続する認識内容を導くわけである。例 (32) では、話し手は「南国の島だから」という推量の根拠を推量の前提にし、後続する認識内容「獣がいる」という認識内容を引き出したわけである。

以上、手がかり「p」が言語化された場合の「p」の種類を見てきた。「推量の対象」、「推量の条件」、「推量の根拠」は、どれも話し手が推量する前提となっている。本研究では、こうした「p」の種類の相違を軸に、「『p』が言語化された場合」の機能の細分化を試みたい。以上の記述を次の表 2-2 のようにまとめることができる。

表 2-2 「『p』が言語化された場合」における統語的機能

p の形式	機能
(29) S けれども	推量対象を予め提示し、推量対象のことを推量する。
(30) V て	推量対象を予め提示し、推量対象のことを推量する。
(31) V ば	推量条件を仮定条件に設定したうえ、条件が実現した場合のことを推量をする。
(32) S から	推量根拠を手がかりに、その結果のことを推量する。

一方、「『p』が言語化されていない場合」を更に次の二種類に細分化することができる。

(28)（再掲）（F ま）現存、現存する最大のコーパスは、**多分**（F ま）百万語、（F え）規模の、（F えー）ところにとどまってまして。

(33) もう一回父のとこに、（F あーの）行ったら、<u>もしかしたら、虫の知らせだったのかもしれないんですが</u>、もう既に、（F あーの）お腹を抱えて、うずくまっていて、お母さん呼んできてくれっていうことで、

例（28）（再掲）と（30）では、どちらも推量の手がかりとなっている「p」が出ていることが分かる。だが、具体的に見てみると、この二例における認識内容「q」は同じでないことが分かる。まず統

語上の相違を見ておきたい。前者の方では、文全体が「q」となっている。それに対して、後者の方では、「q」が「もう一回父のところに行って、父はお腹を抱えて、蹲っていて、お母さんを呼んでくれ」という文の中に挿入されることが分かる。更に統語上の相違に加えて、機能上も両者の間に相違がある。前者の方は、ただ推量の機能を示すが、後者の方は、推量の機能のほかに、「話し手の推量の気持ちを挿入する」という付加的な機能を持っているのである。

　前述の解釈を踏まえ、「『p』が言語化されていない場合」を次の二種類に細分化できる。

表 2-3　「『p』が言語化されていない場合」における統語的機能

該当例文	形式	機能
(28)	「q」のみ	推量
(33)	「q」は、もう一つ文に挿入されている	①推量 ②話し手の推量の気持ちを挿入する

　このような推量を表す陳述副詞の統語的機能をめぐって、先行研究では、深入りされずに、更なる考察が待たれる次第である。また、工藤（2016）では、推量を表す陳述副詞を四つのグループに細分化したが、グループ別における統語的機能の相違についても更なる考察が待たれるのである。

2.2　語用における先行研究

　文法から推量を表す陳述副詞を検討した文献が多く見られるが、語用論から陳述副詞、特に推量を表す陳述副詞に特化した先行研究はまだ少ないようである。具体的に以下の文献を挙げることができる。

2.2.1　中田（1991）の研究

　中田（1991）は談話における副詞の使い方を「間投的な使い方」と「心理的な働きとしての使い方」に分けている。このうち、「間投的な使い方」に関しては、「本来の語義が文の意味解釈の構成素になるのではなく、発話に勢いをつけるような使い方」というふうに定義をしている。次に、「間投的な使い方」を「和らげ、ぼかし」、「強調」に細分化し、「心理的な働きとしての使い方」を「丁寧」、「配慮」、「謙遜」、「とりなし、なだめ」、「改まり、親密さの表示」に細分化している。更に、話し手は否定的な意見を述べる時、これらの副詞をより意識的に使うと強調している。

　　（34）それはねー、あのー、**多分**付け方が悪かったのかな。（NHK⑦）
　　（35）何か珍しいものを見ると、わっとそれはやっぱりやってくるわけですね。たちまちんー、とりにいくというのは、**どうも**最近の傾向で、よろしくありませんね。（NHK④）

　しかし、この研究は、研究対象に性格が違うものが含まれており、陳述副詞ばかりでなく、程度副詞、副詞句①までを研究対象とされている。また、大まかな枠組みで把握したに止まり、語用的機能が深入りされていない。

2.2.2　メイナード（2005）の研究

　メイナード（2005:432）は談話機能から陳述副詞へアプローチすることの可能性を指摘した上、「やはり」・「やっぱり」の談話の機能を次のように性格付けている。

---

① 中田（1991）では「及ばずながら」、「かげながら」等を「副詞句」と認定している。

1. 前後の文や談話上の単位を関連付ける結束性のマーカーとして機能する。
2. 論理的思考過程のマーカーとして、前提をもとに帰結に至ったことを伝える。同時に、その帰結が必ずしも客観的な心理とは限らないことを伝える機能も果たす。
3. 心理的、感情的な効果を生む。ある知識や態度を共有しているという共感（belongingness,emotional resonance）をもたらすように機能する。
4. 会話などの対人関係を調整する機能がある。何らかの思考過程を経ているような印象を与えることから、会話の前置きや埋込み表現、また、言いにくいことを言う時の躊躇感（dispreferencemarker, reluctance marker）の表現となる。表現を和らげ、相手に自分の意見を強要しないような配慮として働く。

　メイナード（2005）の研究は談話から考察を行った。研究対象を「やっぱり」だけにしたが、「テキスト構成に関わる機能」（機能1と2）と「対人関係に関わる機能」（機能3と4）の角度から陳述副詞を捉えている点から示唆を受けた。更に、陳述副詞に、「前後の文や談話上の単位を結束させる」と「表現を和らげ、相手に自分の意見を強要しない配慮がある」という点も注目したい。

2.2.3　羅（2009）の研究

　羅（2009）は「タブン」と「オソラク」を研究の対象とし、ポライトネス理論の観点から、両者の相違を検討した。「話し手は『タブン』と『オソラク』を使う時、基本的にネガティブ・ストラテジーが反映され、判断を不確かなものにすることを通して、聞き手に押し付けるような感覚を与えないという話し手の意図も反映されている」と述べている。

　羅（2009）の研究では、ポライトネス理論の視点から、検討した

ことに新しい視点が見られる。しかしながら、研究の射程を「タブン」と「オソラク」の二語にとどめており、ほかの推量を表す陳述副詞の語用的機能については研究していない。まして、「タブン」と「オソラク」が具体的に使用される文脈と使用制限なども明らかにされていない。

2.2.4　Suzuki（2015）の研究

Suzuki（2015）は、コーパスデータを基に、実証的な研究方法を取り、語用的変数を設定することによって、英語の法助詞の語用的機能を分析しており、特に法助詞間の相違に特化した箇所は非常に参考になる。

法助詞「doubtless」、「no doubt」、「undoubtedly」を考察する際、三者の語用的機能の相違に着目し、①語の生起位置（文頭、非文頭）②主語の定性（人称代名詞、人称代名詞でない）という四つの変数を設定したうえ、これらの変数がどのように三者の語用的機能に関与するかを分析した。また、法助詞「maybe」と「perhaps」を考察する時も、①語の生起位置（文頭、非文頭）②主語の定性（人称代名詞、人称代名詞でない）という変数から両者の語用的機能への関与のしかたも分析した。

分析した結果、「no doubt」、「doubtless」、より「undoubtedly」の方がより高い可能性（high probility）を有している。「undoubtedly」より「doubtless」、「no doubt」の方がより高い会話指向性（more discourse-oritented）を示している。更に、「no doubt」、「doubtless」、の両者のうち、「no doubt」の方が、より高い会話指向性を持っていると指摘している。一方、「perhaps」より「maybe」の方が高い会話指向性を示しているとの指摘もしている。

2.2.5　その他の研究

前述の研究のほか、同じく語用の角度から、もしくはほかの種類

の副詞の機能について考察を行ったものに、川上（1993、1994）、萩原（2012）、全（2015）が挙げられる。ここで簡単に触れておく。

2.2.5.1　川上（1993、1994）の研究

　川上（1993、1994）は「まあ」という言語形式に注目し、発話冒頭に現れる「まあ」を「応答型用法」と呼び、発話内の文頭・文中に現れる「まあ」を「展開型用法」と呼んでいる。更に、先行発話の文の種類との関係（判定要求質問文、説明要求質問文、要請・勧誘文、平叙文・詠嘆文）から「応答型用法」を検討し、「まあ」の基本的な意味は「概言」と結論づけている。一方、発話内の文頭・文中において「まあ」の出現場所から、「展開型用法」を「話題の方向付け表示機能」、「転換予告表示機能」、「概括表示機能」と「後続要素注目表示機能」と下位分類している。

　川上の研究は、発話冒頭と発話内の文頭・文中に分け、フィラーの「まあ」を考察した。発話冒頭では、先行発話と密接な関係があり、そこから話し手と聞き手とのインタラクションが見られる、一方、発話内では、主として話し手自身の領域に属している。この出現位置の相違から、話し手が採用する発話のストラテジーも調整してくると思われる。そこで、話し手が如何なる発話を発するかは非常に興味深く思われる。

2.2.5.2　萩原（2012）の研究

　萩原（2012）はコミュニケーションに、人間関係の関与があるという前提を視座とし、接続詞「だから」の使用にも人間関係の関与があると主張し、分析・考察をした。具体的に、「タテ」と「ヨコ」を軸に、考察をした。

　「タテ」の分析では、目上の教師と目下の学生を例に分析した。目下の学生に比べ、接続詞の使用率が高く、教師には、論理的に学生を導こうとする姿勢が観察された。一方、目下から目上に対して、「だから」を使用しないようにするという認識が働いていると指摘

した。

　また、「ヨコ」の分析では、会話者間の関係が初対面か、それとも友人以上の関係か、その違いを分析した。この二つに、接続詞の使用率及び異なり語数に差異が見られ、「ヨコ」関係が接続詞の種類に関与しているという結果が得られた。

　「力関係」を尺度とする「タテ」の人間関係と、「親しさ」を尺度とする「ヨコ」の人間関係が、「接続詞」のみならず、陳述副詞の使用にも関与すると見られる。本研究も萩原の研究に従い、「タテ」と「ヨコ」を軸に陳述副詞の相違を検討したいと思う。

2.2.5.3　全（2015）の研究

　全（2015）は「ちょっと」の用例を大きく＜副詞的用法＞と＜感動的用法＞に分け、両者の連続性に注目しながら、それぞれの用法について考察を行った。聞き手への配慮を意識した婉曲表現としての＜副詞的用法＞と、相手に軽く呼びかける＜感動詞的用法＞とは、発話の場に存在する聞き手に対する話し手の態度に関わる点で根本的に共通していると指摘している。また、「もう」、「まったく」と「ちょっと」を対象に、感動詞的用法の派生を中心に、三者の共通点と相違点を考察した。このうち、語用論的観点から、一語文になりうるか否か、構文的位置、発話場面における聞き手の存在の有無、発話者の肯定的評価感情の有無、くだけた会話での使用に限定されるか否かという点では異なることを指摘している。

　全（2015）の研究では、「ちょっと」を例に、＜副詞的用法＞と＜感動的用法＞に分け、その使用実際を明らかにした上で、この二つの用法に、「話し手の態度に関わる」という点で根本的に共通していると結論づけた。

2.2.6　語用における先行研究のまとめ

　以上、語用的機能の視点より推量を表す陳述副詞の先行研究を概観してきた。中田（1991）、メイナード（2005）、羅（2009）は研

究対象を個別研究にとどめており、推量を表す陳述副詞全体を研究したわけではない。また、Suzuki（2015）は、英語の法助詞を扱ったものであり、日本語の推量を表す陳述副詞の語用的機能については言及していない。これを受け、推量を表す陳述副詞全体を研究の射程に収め、その使用実態の解明が求められるようになると思われる。

語用的機能における研究課題は次の三点を挙げることができる。

1) 他者と自己の関係における語用的機能の考察が十分ではない。

（10）（再掲）【JTM07 と JSM01 は、ポーランド語の新造語について話しており、JTM07 は教師で、JSM01 は学生である】

 1 JTM07 だから、外来語の要素を入れた、新造語というくことだよね>{<}。
 2 JSM01 <あー>{>}。
 3 JTM07 **たぶんね。**

例（10）（再掲）では、話し手が自身のことを防衛するために、自身に関することを不確かなことにしたのである。端的に言えば、自身のことを防衛するのは、他者に自身のことをマイナス評価されかねないという心理が関与したためにほかならない。即ち、話し手が推量を表す陳述副詞を発する際、常に自身のことと他者のことを考慮に入れねばならないわけなのである。

話し手は聞き手とコミュニティーするとき、自身のことと他者のことを念頭に置きつつ、どのようにして推量を表す陳述副詞を使用しているのだろうか。従来の研究では、この点についてはまだ明確にされていない。これを受けて、本研究では、会話において、会話参加者である他者と自己との関係が推量を表すの使用にどのように関与するのかを解明したい。

2) 文頭と文末における語用的機能の考察が十分ではない。

(36) 【RとLはコーパスにおける会話参加者である。RはICU大学で留学した経験もある、そして教師を目指している。二人はこのことについて会話している。】

R：（Fまー）多分元々教えること好きだったのかもしれません。
L：（Fうーん）
R：（Fうーん）
L：教えんの向いてそう
L：ですね。
R：（Fあ）そうですか。
L：（Fあー）（Fうーん）**きっと多分**
R：＜笑＞
L：生徒が付いてくるタイプだと思う。

(37) 【RとLはコーパスにおける会話参加者である。Rは五人家族の家庭で生まれた。Rの家庭では、R自身を含めて女の子が三人いる。男性は父親しかいない。このような家庭で生まれたRは喋ることが好きだ】

R：そう、そう、基本的にこうお喋りをするのが好きというのは、ある、あるかもしれない。
L：（Fうーん）なるほどね、兄弟仲良くじゃ。
R：（Fうーん）（Fうん）
R：そうですね。
L：（Fふーん）
R：（Fうーん）

R：(F あのー) 人に話を
R：聞いてもらうのも好きなのかも、**もしかすると。**
L：(F あー)
R：(F うーん) 喋るのが好きっていうことに加えて。

　以上の二例から判明したように、推量を表す陳述副詞は、文頭（例36）と文末（例37）に現れることが認められる。文頭と文末の部分は、話し手と聞き手とが双方に出会い互いに心的態度を示す場であるがゆえに、語用的機能が付与されていると想定される。
　この点について、メイナード（2005:302）は、次のように指摘している。

　談話における文の形で特に注意したいのは文頭と文末である。文頭と文末は言語使用者と相手が遭遇する場であり、その発話の形にいろいろ興味深い特色がある。文頭は、先行するディスコースと呼応する空間であり、（中略）、談話に一貫性をもたらすために、あちこち談話を管理する表現を使うこともあるが、これも文頭に出てくることが多い。
　文末は、発話・発話態度を示すモダリティ表現が重層的に使われる場面である。日本語では特に文末に意味の重みがあり、従来述部・陳述・モダリティ表現といったテーマは重要な研究領域となってきた。

　メイナード（2005）によると、文頭と文末は話し手と聞き手が遭遇する場であるがゆえに、推量を表す陳述副詞は文頭にある時には、これから述べる会話内容を管理する役割を果たす。一方、文末にある時には、モダリティーの表現が重層的に使用されることが分かる。推量を表す陳述副詞が文頭と文末に使われる際、この記述に当てはまるか否かを更に掘り下げていく必要があると思われる。
　更に、ザトラウスキー（2005）は倒置法の視点から推量を表す陳

述副詞を論じている。ザトラウスキー（2005）は以下の内容を説明している。

表2-4　ザトラウスキー（2005）における「倒置」の分析

分析の観点	「倒置」の種類
i 情報処理	本体を詳述する倒置 「特徴」本体の内容を強めるために接続詞・陳述副詞が用いられる。 会話全体の意味を強める
ii 談話構造	単位を終了する倒置 a．それまでの話題をまとめるもの b．その前の相手の発話中の評価を示すもの 「特徴」陳述副詞は単位を終了する ※「本体を強調するため「倒置」とも考えられる」

表2-4から分かるように、ザトラウスキー（2005）は陳述副詞が倒置法に使われる場合、「本体の内容を強める」という特徴を有していると説明している。

しかしながら、ザトラウスキー（2005）は接続詞と陳述副詞を同時に扱っており、陳述副詞のみの特質を引き出したとは言い難い。また、「本体の内容を強める」としているが、具体的には、推量を表す陳述副詞はどのように「本体の内容を強める」のか、推量を表す陳述副詞の本体の内容の強め方を更に掘り下げていく必要があると思われる。

3) 推量を表す陳述副詞とともに、ある決まった形で自分の不確かな態度を直接表す用法がまだはっきりされていない。

本研究では、このような用法を次のような下線で表示する。

(38) それは(F えーっと)決勝か、準決勝か、**ちょっと忘れましたけど**、**多分**その場になると思うんで。
(39) **あたしもよく分からないんですけれども**、また一つ、何か(F んー)権威主義的な雰囲気が**きっと**あるんじゃないかな。
(40) だから、女房が速く死んじゃったか、**ちょっと分からないんですけれども**、**どうも**京都の方面がね、あんまりよくなくて。

　例（38）から例（40）までの三例では、話し手は推量を表す陳述副詞を使う時、自分の不確かな気持ちを表すために、推量を表す陳述副詞以外に、例（39）「忘れたけど」、例（40）「よく分からないけど」、例（41）「ちょっと分からないけど」のように、決まった形で使われる文を同時に使う場合がある。本研究では、こうした文を「話し手の不確かな態度を直接表す定型句」と命名し、その定型句の使用実態をも考察をもってお明らかにしたい。

2.3　研究課題

　本節では、2.1節と2.2節に残存する課題をまとめ、次なる研究課題を提起したい。

その一、文法における研究課題
　課題①会話において、推量を表す陳述副詞と共起する文末表現と文における位置から、形式上の使用実態を明らかにする。（第3章）
　課題②手がかり「p」と認識内容「q」との関係を軸に、推量を表す陳述副詞の統語上の使用実態を明らかにする。（第4章）
その二、語用上における研究課題（第5章）
　課題③他者と自己との関係が推量を表す陳述副詞への関与の仕方を明らかにする。

課題④課題①の研究結果を踏まえ、文頭と文末における推量を表す陳述副詞の使用に着目し、その語用的機能を明らかにする。

　課題⑤推量を表す陳述副詞と連動して使われる「話し手の不確かな態度を直接表す定型句」の使用実態を明らかにする。

　本研究では、上述した五つの研究課題を解決するために、アンケート調査のほかに、記述研究の手法を中心に論を進めていく。

第3章　推量を表す陳述副詞の
形式的特徴

　本章では、確信グループ、推測グループ、推定グループ、不確定グループに分け、推量を表す陳述副詞を研究対象に、その形式的特徴[①]を検討する。具体的に、陳述副詞と共起する文末表現を考察しておく。そのうえ、陳述副詞の出現位置からも検討を試みる。このように共起する文末表現と文における出現位置を考察することにより推量を表す陳述副詞の形式的特徴を明らかにしようとする。

3.1　はじめに

　形式的特徴を検討する前に、まず、本研究における文末表現の定義と、語の出現位置の定義を見ておきたい。

---

　① 具体的に検討する際、
　（1）**きっと**（?何人）かね。（一語文）
　（2）**多分**、（Ｆえ）自然の中、（Ｆま）奇麗なところに島はあるのではないかなという予想が付きますんで。（陳述副詞が連体修飾語に埋め込まれる例）
　（3）その背景を考えた時に**きっと**、**ひょっとしたら**、彼、彼は（Ｆ あのー）雪の深いところで生まれた人ではないだろうかっていう何か勝手な想像なんですけど。（陳述副詞が引用文に埋め込まれる例）
　以上の三つのケースでは、陳述副詞が文における位置を判断することは困難なため、予め、こういった例を除外することにする。

3.1.1 文末表現の定義

推量を表す陳述副詞は、何らかの文末表現が付いているということがその特徴の一つとして挙げられる。これらの文末表現を具体的に、以下の二種類に分けることができる。

(41) はっきり分からないけれども、**どうやら**詩人らしい。
(42) 大館のような（Fあ）山の中に、（Fえー）持ってきてる（Fうー）可能性が**多分**高い。
(43) **きっと**、平野レミだ。

(41) では、「どうやら」は推量を表す文末表現「らしい」と共起している。一方、(42) では、「多分」は文末に断定を表す形容詞「高い」があり、推量を表す文末表現とは共起していない。更に、例 (43) では、「きっと」と共起する文末表現に、「だ」がある。

以上の説明を踏まえ、本研究では、(41) のような話し手の不確かな心的態度を表す文末表現を「推量を表す文末表現」と呼び、(42)、(43) のような話し手の確かな心的態度を表す文末表現を「断定を表す文末表現」と呼ぶことにする。

3.1.2 語の出現位置の定義

本研究では、大石（1954）の研究を踏まえ、語の出現位置を次のように、規定したい。

表 3-1　本研究における語の出現位置についての定義

出現位置	定義
文頭	文の頭に置かれているもの
文中	文の中に置かれているもの
文末	文の最後に置かれているもの

（大石 1954:39 を基に、筆者作表）

第 1 章で述べたように、会話で使用される推量を表す陳述副詞の形式は、統語上、比較的自由な位置での使用が見られる（例（5）～例（8）を参照）。
　こうした統語上の位置について、本研究では、語の統語的位置の相違によっては、語用的機能が異なるという立場を取っている。その語の出現位置における語用的機能について、ここで、メイナード（2005:302）の論述を再掲する。

　談話における文の形で特に注意したいのは文頭と文末である。文頭と文末は言語使用者と相手が遭遇する場であり、その発話の形にいろいろ興味深い特色がある。文頭は、先行するディスコースと呼応する空間であり、（中略）、談話に一貫性をもたらすために、あちこち談話を管理する表現を使うこともあるが、これも文頭に出てくることが多い。
　文末は、発話・発話態度を示すモダリティ表現が重層的に使われる場面である。日本語では特に文末に意味の重みがあり、従来述部・陳述・モダリティ表現といったテーマは重要な研究領域となってきた。

　メイナードの指摘から分かるように、文頭と文末は、文中と異なり、会話参加者である話し手と聞き手が互いに心的態度の示し合う場であり、語用的機能を持っているのである。一方、文中のそれについては、話し手個人のターンにあるため、文頭と文中のような語用的機能を持っていないと考えられる。
　また、文頭と文中における語用的機能は、ひとまず表 3-2 のようにまとめることができる。具体的な論述は第 6 章に譲る。
　表 3-2 のように、文頭、文末における推量を表す陳述副詞は文中のそれと、これだけ機能の相違があるから、コーパスでの調査を展開し、各出現位置が具体的に占めている割合を把握することが重要

になってくると思われる。それを統計することによって、後続する論述の展開に数値的な土台を提供することが期待される。

表 3-2　推量を表す陳述副詞の文頭、文末における機能

文における出現位置	機能
文頭	A modal adverb potionsed initially expresses the topic and theme.Such a modal adverb can serve as a guideline for the hearer or reader regarding the flow of discourse;in other words,it has the pragmatic function of structuring this discourse.（Halliday, 1970:335; Perkins, 1983:102-104; Hoye, 1997:148-152） 文頭に位置する陳述副詞は、話題と主題を表す。このような陳述副詞は、聞き手、もしくは読み手に、この会話の概要を提供する。言い換えれば、この言葉は会話を構成するうえ、語用論的な機能を有する。（筆者訳）
文末	FTA軽減、相互の親近感向上を図る。（Suzuki2015:42）

3.2　確信グループの形式的特徴

3.2節では、共起する文末表現と文における出現位置から、「きっと」、「必ず」、「絶対」の会話における形式を見ていく。

3.2.1　きっと

①「きっと」と共起する文末表現

本節では「きっと」と共起する文末表現の全体像を見たうえ、先

行研究①に、まだ表示されていない文末表現を補足する。

「きっと」が使われる 432 例のうち、238 の例は、「断定を表す文末表現」と共起しており、その比率が 55.1%を占めている。このことから、実際、話し手は「きっと」を使用する際、5 割の割合で、「断定を表す文末表現」と共起しているということが分かる。

一方、「推量を表す文末表現」について、「きっと」と共起する文末表現に、「らしい」、「かもしれ（ん）ないじゃないか」、「ん（の）では（じゃ）ない」、「ようだ」、「はずだ」、「かもしれない」、「か」、「ん（の）では（じゃ）ないかな」、「ん（の）では（じゃ）ないか」、「だろう」と、計 194 例 10 種類あることが分かる。出現率順に並べると、表 3-3 のようになる。

表 3-3 「きっと」と共起する推量を表す文末表現

文末表現	出現数	出現率
らしい	1	0.23%
かもしれ（ん）じゃないか	1	0.23%
ん（の）では（じゃ）ない	2	0.46%
ようだ	4	0.93%
はずだ	7	1.62%
かもしれない	13	3.00%
か	14	3.20%
ん（の）では（じゃ）ないかな	24	5.60%
ん（の）では（じゃ）ないか	27	6.30%
だろう	101	23.40%

更に、先行研究に挙げていない文末表現を表にまとめると、表 3-4 になる。

---

① 「きっと」については、杉村（2009）は、964 例を分析している。また、工藤（2016）は、295 例を分析している。

表 3-4　先行研究にない「きっと」と共起する推量を表す文末表現

出現形式	出現数
かもしれないじゃないか	1
らしい	1
ん（の）じゃ（では）ない	2
か	14
ん（の）じゃ（では）ないかな	24

②「きっと」が文における出現位置

　「きっと」では、文頭には 105 例、文中には 305 例現れており、更に文末には 22 例も現れている。文中に現れる比率は 70.6％を占めていることから、「きっと」は文中に表れやすいということが分かる。
　文末に関して言えば、22 例も現れており、5.1％を占めている。文末に出現する数の多さと占めている割合の高さは「きっと」特有の特徴だと言える。詳細は後述することにする。
　以上、会話における「きっと」の形式を見てきた。まとめてみると、次の結論が得られる。

1) 共起する文末表現に関しては、「きっと」は「推量を表す文末表現」のうち、出現率順に「だろう」、「ん（の）じゃ（では）ないか」、「ん（の）じゃ（では）ないかな」、「か」、「かもしれない」などと共起する確率が高い。
2) 文中における位置に関しては、「きっと」は文中に現れる割合がいちばん高く、70.6％を占めている。一方、文頭と文末は、それぞれ 24.3％と 5.1％となっている。

3.2.2 必ず

①「必ず」と共起する文末表現

本節では、「必ず」と共起する文末表現の全体像を見たうえ、先行研究にまだ表示されていない文末表現①を補足する。

「必ず」が使われる787例のうち、740の例は、「断定を表す文末表現」と共起しており、その比率が94.0%を占めている。このことから、実際、話し手は「必ず」を使用する際、9割以上の割合で、「断定を表す文末表現」と共起しているということが分かる。

また、「ん（の）じゃ（では）ない」、「（の）かな/かしら」、「か」、「らしい」、「かもしれない」、「ようだ」、「はずだ」、「だろう」、「ん（の）じゃ（では）ないか」と、計47例9種類ある。出現率順に並べると、表3-5のようになる。

表3-5 「必ず」と共起する推量を表す文末表現

文末表現	出現数	出現率
ん（の）じゃ（では）ない	1	0.1%
（の）かな/かしら	1	0.1%
か	1	0.1%
らしい	3	0.3%
かもしれない	3	0.3%
ようだ	5	0.6%
はずだ	8	1.0%
だろう	12	1.5%
ん（の）じゃ（では）ないか	13	1.7%

---

①「必ず」については、工藤（2016）は、146例を分析している。一方、杉村（2009）は、分析していない。また、共起する文末表現については、工藤（2016）では、「必ず」は「に違いない」、「に決まっている」とも共起することを指摘している。更に、工藤（2016）では、「だろう」と「まい」を併記している。

更に、先行研究に挙げていない文末表現を表にまとめると、表3-6 になる。

表3-6　先行研究にない「必ず」と共起する推量を表す文末表現

出現形式	出現数
ん（の）じゃ（では）ない	1
（の）かな/かしら	1
か	1
らしい	3
かもしれない	3
ようだ	5
ん（の）じゃ（では）ない（の）か	13

②「必ず」が文における出現位置

「必ず」では、文頭には96例、文中には690例現れており、しかしながら、文末にはわずか1例のみである。文中に現れる比率は87.7％を占めていることから、「必ず」は文中に表れやすいということである。

以上、会話における「必ず」の形式を見てきた。まとめてみると、次の結論が得られる。

1) 共起する文末表現に関しては、「必ず」は「断定を表す文末表現」と共起する確率が94％を占めている。一方、「推量を表す文末表現」においては、出現率順に「ん（の）じゃ（では）ないか」、「だろう」、「はずだ」、「ようだ」、「かもしれない」、「らしい」などと共起する確率が高い。
2) 文中における位置に関しては、「必ず」は文中に現れる割合がいちばん高く、87.7％を占めている。

3.2.3 絶対

① 「絶対」と共起する文末表現

　本節では、「絶対」と共起する文末表現を見たうえ、先行研究において、まだ表示されていない文末表現①を補足する。「絶対」が使われる 654 例のうち、582 の例は、「断定を表す文末表現」と共起しており、その比率が 89.0%を占めている。このことから、実際、話し手は「絶対」を使用する際、9 割近くの割合で、「断定を表す文末表現」と共起しているということが窺える。また、「推量を表す文末表現」について、「絶対」と共起する文末表現に、「ん（の）じゃ（では）ない」、「らしい」、「ようだ」、「か」、「（の）かな/かしら」、「かもしれない」、「ん（の）じゃ（では）ないかな」、「ん（の）じゃ（では）ないか」、「はずだ」、「だろう」と、計 72 例 10 種類である。出現率順に並べると、表 3-7 のようになる。

表 3-7 「絶対」と共起する推量を表す文末表現

文末表現	出現数	出現率
ん（の）じゃ（では）ない	1	0.2%
らしい	1	0.2%
ようだ	2	0.3%
か	3	0.4%
（の）かな/かしら	4	0.6%
かもしれない	5	0.7%
ん（の）じゃ（では）ないかな	9	1.3%
ん（の）じゃ（では）ないか	12	1.8%
はずだ	14	2.1%
だろう	21	3.2%

---

　①「絶対」については、工藤（2016）は、48 例を分析している。一方、杉村（2009）は、分析していない。

更に、先行研究に挙げていない文末表現を表にまとめると、表 3-8 になる。

表 3-8　先行研究にないと共起する推量を表す文末表現

出現形式	出現数
らしい	1
ん（の）じゃ（では）ない	1
ようだ	2
か	3
（の）かな/かしら	4
かもしれない	5
ん（の）じゃ（では）ないかな	9
ん（の）じゃ（では）ないか	12
はずだ	14
だろう	21

②「絶対」が文における出現位置

「絶対」では、文頭には 59 例、文中には 594 例現れている。しかしながら、文末にはわずか 1 例しかない。「絶対」は文中に現れる比率は 90.8％を占めていることから、文中に表れやすいのである。

以上、会話における「絶対」の形式を見てきた。まとめてみると、次の結論が得られる。

1) 共起する文末表現に関しては、「絶対」は「断定を表す文末表現」と共起する確率が 89％を占めている。一方、「推量を表

す文末表現」においては、出現率順に「だろう」、「はずだ」、「ん（の）じゃ（では）ないか」、「ん（の）じゃ（では）ないかな」、「かもしれない」などと共起する確率が高い。
2) 文中における位置に関しては、「絶対」は文中に現れる割合がいちばん高く、90.8％を占めている。

3.3 推測グループの形式的特徴

3.3 節では、共起する文末表現と文における出現位置から、「多分」、「恐らく」の会話における形式を見ていく。

3.3.1 多分

①「多分」と共起する文末表現

本節では、「多分」と共起する文末表現の全体像を見たうえで、先行研究において、まだ表示されていない①文末表現を補足する。

「多分」が使われる 1461 例のうち、1040 の例は、「断定を表す文末表現」と共起しており、その比率が 71.2％を占めているということである。このことから、実際、話し手は「多分」を使用する際、7 割以上の割合で、「断定を表す文末表現」と共起しているということが窺える。

また、「推量を表す文末表現」について、「多分」と共起する文末表現に、「ん（の）じゃ（では）」、「とか」、「ん（の）じゃ（では）ないだろうか」、「というか」、「考えられる」、「可能性/恐れがある」、「っぽい」、「ん（の）じゃ（では）ない」、「らしい」、「はずだ」、「か」、「ようだ」、「かもしれない」、「（の）かな/かしら」、「ん（の）じゃ（では）ないかな」、「ん（の）じゃ

---

① 「多分」については、杉村（2009）は、385 例を分析している。また、工藤（2016）は、103 例を分析している。

（では）ないか」、「だろう」と、計421例17種類あることが分かる。出現率順に並べると、表3-9のようになる。

表3-9 「多分」と共起する推量を表す文末表現

文末表現	出現数	出現率
ん（の）じゃ（では）	1	0.01%
とか	1	0.01%
ん（の）じゃ（では）ないだろうか	2	0.1%
というか	2	0.1%
考えられる	2	0.1%
可能性/恐れがある	3	0.2%
っぽい	5	0.3%
ん（の）じゃ（では）ない	6	0.4%
らしい	6	0.4%
はずだ	8	0.5%
か	15	1.0%
ようだ	19	1.3%
かもしれない	40	2.6%
（の）かな/かしら	48	3.1%
ん（の）じゃ（では）ないかな	61	3.9%
ん（の）じゃ（では）ないか	81	5.2%
だろう	121	8.3%

更に、先行研究に挙げていない文末表現を表にまとめると、表3-10になる。

表 3-10　先行研究にない「多分」と共起する推量を表す文末表現

出現形式	出現数
ん（の）じゃ（では）	1
とか	1
というか	2
可能性/恐れがある	3
っぽい	5
ん（の）じゃ（では）ない	6
か	15
（の）かな/かしら	48
ん（の）じゃ（では）ない（です）かな	61
ん（の）じゃ（では）ない（です）か	81

②「多分」が文における出現位置

　「多分」では、文頭には399例現れており、文中には1059例現れているが、文末には、わずか3例しかないのである。文中に現れる比率は72.5％を占めているということから、「多分」は文中に表れやすいということである。
　以上、会話における「多分」の形式を見てきた。まとめてみると、次の結論が得られる。
1) 共起する文末表現に関しては、「多分」は「推量を表す文末表現」のうち、出現率順に「だろう」、「ん（の）じゃ（では）ないか」、「ん（の）じゃ（では）ないかな」、「かな/かしら」、「かもしれない」などと共起する確率が高い。
2) 文中における位置に関しては、「多分」は文中に現れる割合がいちばん高く、72.5％を占めている。

3.3.2 恐らく

①「恐らく」と共起する文末表現

本節では、「恐らく」と共起する文末表現の全体像を見たうえで、先行研究において、まだ表示されていない文末表現①を補足する。

「恐らく」が使われる 449 例のうち、215 例は「断定を表す文末表現」を使い、47.9%を占めている。このことから、実際、話し手は、「恐らく」を使用する際、半分弱の割合で、「断定を表す文末表現」を使うということが窺える。

表 3-11 「恐らく」と共起する推量を表す文末表現

文末表現	出現率	出現率
に違いない	1	0.2%
言われる	1	0.2%
ん（の）じゃ（では）ないだろうか	2	0.4%
そうだ	3	0.7%
可能性がある	3	0.7%
はずだ	5	1.1%
思われる	5	1.1%
（の）かな/かしら	7	1.6%
かもしれ（ん）ない/かも	8	1.8%
ん（の）じゃ（では）ない（の）かな	10	2.2%
らしい	11	2.4%
ようだ	12	2.7%
か	18	4.0%
ん（の）じゃ（では）ないか	64	14.3%
だろう（であろう）	84	18.7%

---

① 「恐らく」については、杉村（2009）は、452 例を分析している。また、工藤（2016）は、182 例を分析している。

また、「推量を表す文末表現」について、「恐らく」と共起するものに、「に違いない」、「言われる」、「ん（の）じゃ（では）ないだろうか」、「そうだ」、「可能性がある」、「はずだ」、「思われる」、「（の）かな/かしら」、「かもしれ（ん）ない/かも」、「ん（の）じゃ（では）ない（の）かな」、「らしい」、「ようだ」、「か」、「ん（の）じゃ（では）ないか」、「だろう（であろう）」と、計15種類234例あることが分かる。出現率順に並べると、表3-11のようになる。

更に、先行研究に挙げていない文末表現を表にまとめると、表3-12になる。

表 3-12　先行研究にない「恐らく」と共起する推量を表す文末表現

出現形式	出現数
そうだ	3
可能性がある	3
（の）かな/かしら	7
ん（の）じゃ（では）ない（の）かな	10
か	18

② 「恐らく」が文における出現位置

「恐らく」では、文頭に現れる例は67例、文中に現れる例は382例あり、文末に表れる例は皆無なのである。文中に現れる比率は85.0％を占めていることから、「恐らく」は文中に表れやすいということである。

以上、会話における「恐らく」の形式を見てきた。まとめてみると、次の結論が得られる。

1) 共起する文末表現に関しては、「恐らく」は「推量を表す文末表現」のうち、出現率順に「だろう」、「ん（の）じゃ（では）ないか」、「か」、「らしい」、「ん（の）じゃ（では）ないかな」などと共起する確率が高い。
2) 文中における位置に関しては、「恐らく」は文中に現れる割合いちばん高く、85.0%を占めている。

3.4　推定グループの形式的特徴

3.4節では、共起する文末表現と文における出現位置から、「どうも」、「どうやら」の会話における形式を見ていく。

3.4.1　どうも

①「どうも」と共起する文末表現

本節では、「どうも」と共起する文末表現の全体像を見たうえで、先行研究において、まだ表示されていない文末表現①を補足する。

「どうも」が使われる例は 655 例のうち、363 の例は、「断定を表す文末表現」が使われ、55.4%を占めている。つまり、実際、話し手は「どうも」を使用する際、五割以上の割合で、「どうも」のほかに、何らかの「断定を表す文末表現」を使うということが窺える。

また、「推量を表す文末表現」について、「どうも」と共起する文末表現は「かもしれない」、「っぽい」、「可能性／恐れがある」、「とか」、「（の）かな／かしら」、「だろう」、「か」、「そうだ」、「ん（の）じゃ（では）ないか」、「らしい」、「ようだ（み

---

① 「どうも」については、工藤（2016）は、385 例を分析している。また、工藤（2016）は、「だ/∅」、「かもしれない」、「らしい」のほかに「に違いない」、「のではないだろうか」も挙げている。一方、杉村（2009）は、分析していない。

たいだ）」と、計 11 種類、全出現数は 292 例である。出現率順に並べると、表 3-13 のようになる。

表 3-13 「どうも」と共起する推量を表す文末表現

文末表現	出現数	出現率
かもしれない	1	0.1%
っぽい	2	0.3%
可能性／恐れがある	4	0.6%
とか	5	0.8%
（の）かな／かしら	5	0.8%
だろう	7	1.1%
か	8	1.1%
そうだ	25	3.8%
ん（の）じゃ（では）ないか	59	9.0%
らしい	70	10.7%
ようだ（みたいだ）	106	15.9%

更に、先行研究に挙げていない文末表現を表にまとめると、表 3-14 になる。

表 3-14 先行研究にない「どうも」と共起する推量を表す文末表現

出現形式	出現数
っぽい	2
可能性／恐れがある	4
とか	5
（の）かな/かしら	5
だろう	7
か	8
そうだ	25

② 「どうも」が文における出現位置

　「どうも」では、文頭には33例現れており、文中には622例現れている。しかしながら、文末には皆無である。比率に換算すると、文頭に現れる比率は5.0%であり、文中に現れる比率は95.0%だということになる。つまり、「どうも」は、文中に現れやすいということが言えるだろう。

　以上、会話における「どうも」の形式を見てきた。まとめてみると、次の結論が得られる。

1) 会話において、「どうも」は、「推量を表す文末表現」のうち、出現率順に、「ようだ」、「らしい」、「（の）ではないか」、「そうだ」、「か」などと共起する確率が高い。
2) 会話において、「どうも」は、文中に現れる比率が圧倒的に高く、95%を占めている。

3.4.2　どうやら

① 「どうやら」と共起する文末表現

　本節では、「どうやら」と共起する文末表現の全体像を見たうえ、先行研究において、まだ表示されていない文末表現①を補足する。
　「どうやら」が使われる例は69例中、29例は、「断定を表す文末表現」と共に出現しており、比率にして42.0%を占めている。つまり、実際、話し手は「どうやら」を使用する際、半数以下の割合は、「どうやら」のほかに、何らかの「断定を表す文末表現」を使

---

① 「どうやら」については、杉村（2009）は、301を例分析している。また、工藤（2016）は、39例を分析している。また、杉村（2009）では、「だ/ø」、「らしい」、「ようだ（みたいだ）」のほかに、「かもしれない」、「だろう」も挙げている。一方、工藤（2016）では、「だ/ø」、「らしい」、「ようだ（みたいだ）」のほかに「のではないだろうか」、「する節がある」も挙げている。

うということが窺える。

また、「推量を表す文末表現」について、「どうやら」と共起する文末表現には、「ん（の）じゃ（では）ないですか」、「ん（の）じゃ（では）ないかな」、「とか」、「そうだ」、「らしい」、「そうだ（みたいだ）」と、計6種類、全出現数は40例である。出現率順に並べると、表3-15のようになる。

表3-15　「どうやら」と共起する推量を表す文末表現

文末表現	出現数	出現率
ん（の）じゃ（では）ないですか	1	1.4%
ん（の）じゃ（では）ないかな	1	1.4%
とか	1	1.4%
そうだ	1	1.4%
らしい	16	23.2%
ようだ（みたいだ）	20	29.0%

更に、先行研究に挙げていない文末表現を表にまとめると、表3-16になる。

表3-16　先行研究にない「どうやら」と共起する推量を表す文末表現

出現形式	出現数
ん（の）じゃ（では）ないですか	1
ん（の）じゃ（では）ないかな	1
とか	1
そうだ	1

②「どうやら」が文における出現位置

「どうやら」では、文頭には17例現れており、文中には52例現

れている。しかしながら、文末には皆無なのである。比率に換算すると、文頭に現れる比率は24.6%であり、文中に現れる比率は75.4%である。つまり、「どうやら」は、文中に現れやすいということが言えるだろう。

以上、会話において、「どうやら」の使われ方について見てきた。具体的にまとめると、次の二点が分かると言える。

1) 会話において、「どうやら」は、「推量を表す文末表現」のうち、出現率順に、「ようだ」、「らしい」と共起する確率が高い。
2) 会話において、「どうやら」は、文中に現れる比率が圧倒的に高く、75.4%を占めている。

3.5 不確定グループの形式的特徴

3.5節では、共起する文末表現と文における出現位置から、「もしかしたら」、「ひょっとしたら」、「あるいは」の会話における形式を見ていく。

3.5.1 もしかしたら

① 「もしかしたら」と共起する文末表現

本節では、「もしかしたら」と共起する文末表現の全体像を見たうえで、先行研究において、まだ表示されていない文末表現[①]を補足する。

「もしかしたら」が使われる294例のうち、39例は、「断定を表す文末表現」を使っており、13.3%を占めている。このことから、

[①]「もしかしたら」については、杉村（2009）は174例を分析している。また、工藤（2016）は、46例を分析している。

実際、話し手は「もしかしたら」を使用する際、1割強の割合で、「もしかしたら」のほかに、何らかの「断定を表す文末表現」を使うということが窺える。

また、「推量を表す文末表現」について、「もしかしたら」と共起する文末表現に、「ん（の）じゃ（では）ないの」、「ん（の）じゃ（では）ない」、「とか」、「思われる」、「か」、「ん（の）じゃ（では）ないだろうか」、「可能性/恐れがある」、「ん（の）じゃ（では）ないかな」、「（の）かな/かしら」、「ん（の）じゃ（では）ない（です）か」、「（の）かもしれ（ん）ない/かも」と、計11種類255例である。出現率順に並べると、表3-17のようになる。

表3-17 「もしかしたら」と共起する推量を表す文末表現

文末表現	出現数	出現率
ん（の）じゃ（では）ないの	1	0.3%
ん（の）じゃ（では）ない	1	0.3%
とか	1	0.3%
思われる	1	0.3%
か	4	1.4%
ん（の）じゃ（では）ないだろうか	5	1.7%
可能性/恐れがある	8	2.7%
ん（の）じゃ（では）ないかな	17	5.8%
（の）かな/かしら	33	11.2%
ん（の）じゃ（では）ないか	46	15.6%
（の）かもしれ（ん）ない/かも	138	46.9%

更に、先行研究に挙げていない文末表現を表にまとめると、表3-18になる。

表 3-18　先行研究にない「もしかしたら」と共起する推量を表す文末表現

出現形式	出現数
ん（の）じゃ（では）ないの	1
ん（の）じゃ（では）ない	1
とか	1
か	4
可能性/恐れがある	8
ん（の）じゃ（では）ないかな	17
（の）かな/かしら	33
ん（の）じゃ（では）ない（です）か	46

②「もしかしたら」が文における出現位置

　「もしかしたら」では、文頭には 54 例現れており、文中には 239 例現れているが、文末には 1 例しか現れていない。文中に現れる比率は 81.3％を占めていることから、「もしかしたら」は文中に表れやすいということである。
　以上、会話における「もしかしたら」の形式を見てきた。まとめてみると、次の結論が得られる。

1) 共起する文末表現に関しては、「もしかしたら」は「推量を表す文末表現」のうち、出現率順に「かもしれない」、「ん（の）じゃ（では）ないか」、「（の）かな/かしら」、「ん（の）じゃ（では）ないかな」、「可能性/恐れがある」などと共起する確率が高い。
2) 文中における位置に関しては、「もしかしたら」は文中に現れる割合がいちばん高く、81.3％を占めている。

3.5.2 ひょっとしたら

① 「ひょっとしたら」と共起する文末表現

本節では、「ひょっとしたら」と共起する文末表現の全体像を見たうえで、先行研究において、まだ表示されていない文末表現①を補足する。

「ひょっとしたら」が使われる82例のうち、わずか6例は「断定を表す文末表現」を使い、7.3%を占めている。このことから、実際、話し手は、「ひょっとしたら」を使用する際、一割以下の割合で、「ひょっとしたら」のほかに、何らかの「断定を表す文末表現」を使うということが窺える。

表3-19 「ひょっとしたら」と共起する推量を表す文末表現

文末表現	出現数	出現率
ん（の）じゃ（では）	1	1.2%
らしい	1	1.2%
ではなかろうか	1	1.2%
可能性があるのではないか	1	1.2%
だろう（であろう）	2	2.4%
か	2	2.4%
ん（の）じゃ（では）ない（の）だろうか	3	3.7%
んじゃない（の）かな	4	5%
可能性がある	4	5%
（の）かな/かしら	5	6.25%
ん（の）じゃ（では）ないか	15	18.3%
かもしれ（ん）ない/かも	37	45.1%

---

① 「ひょっとしたら」については、工藤 (2016) は、26例を分析している。一方、杉村 (2009) は、分析していない。

また、「推量を表す文末表現」について、「ひょっとしたら」と共起する文末表現に、「ん（の）じゃ（では）」、「らしい」、「ではなかろうか」、「可能性があるのではないか」、「だろう（であろう）」、「か」、「ん（の）じゃ（では）ないだろうか」、「ん（の）じゃ（では）ない（の）かな」、「可能性がある」、「（の）かな/かしら」、「ん（の）じゃ（では）ないか」「かもしれ（ん）ない/かも」と、計12種類76例もある。出現率順に並べると、表3-19のようになる。

更に、先行研究に挙げていない文末表現を表にまとめると、表3-20になる。

表3-20　先行研究にない「ひょっとしたら」と共起する推量を表す文末表現

出現形式	出現数
ん(の)じゃ（では）	1
らしい	1
ではなかろうか	1
可能性があるのではないか	1
か	2
ん（の）じゃ（では）ない（の）だろうか	3
ん（の）じゃ（では）ない（の）かな	4
可能性がある	4
（の）かな/かしら	5
ん（の）じゃ（では）ないか	15

②「ひょっとしたら」が文における出現位置

「ひょっとしたら」では、文頭に現れる例は19例、文中に現れる例は63例あるが、文末に表れる例は皆無なのである。「ひょっとし

たら」は文中に現れる比率は 76.8％を占めていることから、文中に表れやすいということである。

以上、会話における「ひょっとしたら」の形式を見てきた。まとめてみると、次の結論が得られる。

1) 共起する文末表現に関しては、「ひょっとしたら」は「推量を表す文末表現」のうち、出現率順に「かもしれない」、「ん（の）じゃ（では）ないか」、「（の）かな/かしら」、「可能性がある」、「ん（の）じゃ（では）ないかな」などと共起する確率が高い。
2) 文中における位置に関しては、「ひょっとしたら」は文中に現れる割合がいちばん高く、76.8％を占めている。

3.5.3　あるいは

①「あるいは」と共起する文末表現

付録 1、付録 2 から分かるように、杉村（2009）と工藤（2016）では、「あるいは」と共起する文末表現を考察していない。本研究では、それを補おうとする。

「あるいは」と共起する文末表現に、「断定を表す文末表現」は 1 例、「思われる」は 2 例、「かもしれない」は 14 例、「のではないか」は 3 例もあり、計 20 例となっている。このうち、「かもしれない」は使用率が最も高く、70％を占めている。

②「あるいは」が文における出現位置

「あるいは」は文頭に現れる例は 7 例、文中に現れる例は 13 例あり、文末に表れる例は皆無ということが分かる。文中に現れる比率は 65％を占めていることから、「あるいは」は文中に表れやすいということである。

以上、会話における「あるいは」の形式を見てきた。まとめてみると、次の結論が得られる。

1) 共起する文末表現に関しては、「あるいは」は「かもしれない」と共起する確率が高い。
2) 文中における位置に関しては、「あるいは」は文中に現れる割合が高く、65％を占めている。

3.6　本章のまとめ

本章では、共起する文末表現から、推量を表す陳述副詞を考察し、これをもって杉村（2009）と工藤（2016）の先行研究に列挙されていないものを挙げることができ、同時に先行研究で注目されていなかった特徴をまとめることができた。また、その語が文における出現位置からも、推量を表す陳述副詞を考察し、これをもって第6章に展開する語の出現位置における語用的機能の研究に数値的な土台を築くことができた。

本章の結論を次のようにまとめることができる。

1) 共起する文末表現

まず、「断定を表す文末表現」について見る。本研究で、各語と共起する「断定を表す文末表現」の数量と各自の占める割合を表3-21に示すことができる。

表3-21を見ると、確信グループ、推測グループ、推定グループでは、そのグループに属する各語は、すべて「断定を表す文末表現」と共起する割合が高いのである。それに対して、不確定グループでは、様子がいささか違うのである。「もしかしたら」は、294例中、わずか39例は「断定を表す文末表現」と共起している、「ひょっとしたら」も、82例中、わずか6例は「断定を表す文末表現」と共起

している。また、「あるいは」も、20例中、1例しか「断定を表す文末表現」と共起していることが見受けられる。

表 3-21　各語における断定を表す文末表現の数量とその占める割合

グループ	副詞	数量	割合	各例の総数
確信	きっと	238	55.1%	432
	必ず	740	94.0%	787
	絶対	582	89.0%	654
推測	多分	1040	71.2%	1461
	恐らく	215	47.9%	449
推定	どうも	363	55.4%	655
	どうやら	29	42%	69
不確定	もしかしたら	39	13.3%	294
	ひょっとしたら	6	7.3%	82
	あるいは	1	5%	20

　この分析を踏まえると、次の結論を得られよう。不確定グループでは、推量を表す陳述副詞は、「断定を表す文末表現」と共起する傾向が低く、「推量を表す文末表現」と共起する傾向が高い。一方、杉村（2009）と工藤（2016）では、この点について数字を提示したにとどまらず、上述の結論のまとめには至らなかった。

　表 3-22 を見ると、杉村（2009）の研究では、「もしかしたら」は174例中、「断定を表す文末表現」と共起する例は、わずか10例しかない。また、工藤（2016）の研究では、「もしかしたら」は46例中、「断定を表す文末表現」と共起する例は、わずか2例しかなく、「ひょっとしたら」は46例中、「断定を表す文末表現」と共起する例は、同じくわずか2例しかない、ほかのグループと比べ、「断定を表す文末表現」と共起しにくいのであろう。この点は先述した本研究の結論を支持する形となっている。

表 3-22　先行研究に①おける断定を表す文末表現の数量とその占める割合

先行研究	グループ	副詞	数量	割合	各例の総数
杉村 (2009)	確信	きっと	321	33.3%	964
		必ず		—	
		絶対		—	
	推測	多分	86	22.3%	385
		恐らく	51	11.3%	452
	推定	どうも		—	
		どうやら	61	20.3%	301
	不確定	もしかしたら	10	6.0%	174
		ひょっとしたら		—	
		あるいは		—	
工藤 (2016)	確信	きっと	139	49.8%	279
		必ず	17	47.2%	36
		絶対	48	100%	48
	推測	多分	19	18.4%	103
		恐らく	31	17.3%	182
	推定	どうも	13	28.9%	45
		どうやら	5	10.9%	46
	不確定	もしかしたら	2	4.3%	46
		ひょっとしたら	2	7.7%	26
		あるいは		—	

---

① 杉村 (2009) では、「断定を表す文末表現」を「ダ/Φ」で示しており、また、工藤 (2016) では、「断定を表す文末表現」を「するΦ・のだ」で示している。また、表の中、「―」は先行研究では分析されていないことを示す。

次に、本研究で新たに補足する推量を表す文末表現を次のように挙げることができる。

表 3-23　先行研究に未出現の文末表現（確信グループ）

陳述副詞	出現形式	出現数
きっと	らしい	1
	かもしれないじゃないか	1
	ん（の）じゃ（では）ない	2
	か	14
	ん（の）じゃ（では）ないかな	24
必ず	ん（の）じゃ（では）ない	1
	（の）かな/かしら	1
	か	1
	らしい	3
	かもしれない	3
	ようだ	5
	ん（の）じゃ（では）ない（の）か	13
絶対	ん（の）じゃ（では）ない	1
	らしい	1
	ようだ	2
	（の）かな/かしら	4
	かもしれない	5
	ん（の）じゃ（では）ないかな	9
	ん（の）じゃ（では）ないか	12
	はずだ	14
	だろう	21

表 3-24　先行研究に未出現の文末表現（推測グループ）

陳述副詞	出現形式	出現数
多分	ん（の）じゃ（では）	1
	とか	1
	というか	2
	可能性/恐れがある	3
	っぽい	5
	ん（の）じゃ（では）ない	6
	か	15
	（の）かな/かしら	48
	ん（の）じゃ（では）ないかな	61
	ん（の）じゃ（では）ない（です）か	81
おそらく	そうだ	3
	可能性がある	3
	（の）かな/かしら	7
	ん（の）じゃ（では）ない（の）かな	10
	か	18

表 3-25　先行研究に未出現の文末表現（推定グループ）

陳述副詞	出現形式	出現数
どうも	っぽい	2
	可能性がある	4
	とか	5
	（の）かな/かしら	5
	だろう	7
	か	8
	そうだ	25
どうやら	ん（の）じゃ（では）ないですか	1
	ん（の）じゃ（では）ないかな	1
	とか	1
	そうだ	1

表 3-26　先行研究に未出現の文末表現（不確定グループ）

陳述副詞	出現形式	出現数
もしかしたら	ん（の）じゃ（では）ないの	1
	ん（の）じゃ（では）ない	1
	とか	1
	か	4
	可能性/恐れがある	8
	ん（の）じゃ（では）ないかな	17
	（の）かな/かしら	33
	ん（の）じゃ（では）ない（です）か	46
ひょっとしたら	んじゃ	1
	らしい	1
	ではなかろうか	1
	可能性があるのではないか	1
	か	2
	ん（の）じゃ（では）ない（の）かだろうか	3
	ん（の）じゃ（では）ない（の）かな	4
	可能性がある	4
	（の）かな/かしら	5
	ん（の）じゃ（では）ない（の）か	15
あるいは	思われる	2
	かもしれない	2
	のではないか	3

　また、各語における出現率が最も高い推量を表す文末表現を次のように挙げることができる。

表 3-27　各語における出現率が最も高い推量を表す文末表現

グループ	陳述副詞	推量を表す文末表現
確信	きっと	だろう
確信	必ず	ん（の）じゃ（では）ないか
確信	絶対	だろう
推測	多分	だろう
推測	恐らく	だろう
推定	どうも	ようだ
推定	どうやら	ようだ
不確定	もしかしたら	かもしれない
不確定	ひょっとしたら	かもしれない
不確定	あるいは	かもしれない

まとめると、次のようになる。
①確信グループでは、「必ず」以外「だろう」と共起する割合が最も高い
②推測グループでは、「だろう」と共起する割合が最も高い
③推定グループでは、「ようだ」と共起する割合が最も高い
④不確定グループでは、「かもしれない」と共起する割合が最も高い

　以上の①〜④の結論のうち、①と②は、森本（1994）と工藤（2016）でも挙げており、本研究では、それを裏付ける形となっている。
　一方、③と④は本研究のオリジナリティである。③の結論は、森本（1994）の結論と異なり、森本（1994:95）では、「どうも」、「どうやら」は「らしい」系の構文と共起しやすいと指摘したが、本研究では、「どうも」、「どうやら」は「らしい」だけでなく「ようだ」ともに共起しやすく、しかも、「ようだ」は「らしい」よりも

共起しやすいという結論を得た。これは先行研究を修正した形となっている。

更に、④の結論は、本研究の新しい発見となっている。

2) 語の出現位置

表 3-28　各語における文頭、文中、文末の出現数

グループ	陳述副詞	文頭	文中	文末	各例の総数
確信	きっと	105	305	22	432
	必ず	96	690	1	787
	絶対	59	594	1	654
推測	多分	399	1059	3	1461
	恐らく	67	382	0	449
推定	どうも	33	622	0	655
	どうやら	17	52	0	69
不確定	もしかしたら	54	239	1	294
	ひょっとしたら	19	63	0	82
	あるいは	7	13	0	20

推量を表す陳述副詞は、文中に現れる割合が最も高く、すべての例は65%以上となっている。

一方、文頭に現れる割合が二番目に高く、更に文末には、現れる確率が低いのである。本研究では、文頭と文末は、話し手と聞き手が双方の心的態度を示し合う場であるがゆえに、語用的機能を有しているという立場を持っている。具体的にどのような語用的機能があるのかは、第5章で具体的に論述を展開したい。

第4章　推量を表す陳述副詞の統語的機能

4.1　はじめに

　第2章で述べたように、話し手は推量を表す陳述副詞を使用する際、「p→q」のように、何らかの命題「p」（手がかり）を基に命題「q」（認識内容）を導くとされる。だが、先行研究において、話し手は具体的に、如何に命題「p」を基に、命題「q」を導くのかについては、まだはっきりとされていない。また、これらの副詞は、四つのグループに分けられているが、グループ別には如何に異なるのかについても、同じくまだはっきりとされていない。本章では、上述の二つの課題を解決すべく、論述を進めたい。

　筆者の考察によると、話し手は推量を表す陳述副詞を使用する際、「p」と「q」の関係によって具体的に次の二種類に分けることができる。

　　(44)　このような書き込みが日常茶飯事に行われていれば、きっと彼だけでなく、傷付いた人は、いっぱいいる。

　例(44)では、話し手は、インターネットへの規制について述べている。ここでは、命題「p」（このような書き込みが日常茶飯事に行われていれば）と命題「q」（きっと彼だけでなく、傷付いた人は、

いっぱいいる）は、同じ推量文の中にあり、話し手は「p」を手がかりに、「q」を推量したことが見受けられる。だが、例（44）と違うタイプの使用もある。次の文を参照されたい。

(45)（で余談ではありますが、(F あのー) 姉の方はまた何か何か寂しさから新しい犬を飼ったんですが）(F えーと)、その犬は、きっと私が訪ねても、私のことを知らないんで吠えます。

例（45）では、話し手は、姉の飼っている犬のことについて述べている。ここでは、命題「q」（その犬は、きっと私が訪ねても、わたしのことを知らないんで吠えます）のみ現れている。命題「p」はここでは現れていないことが見受けられる。なぜ「p」が言語化されていないかというと、例（45）の前に既に現れている。（括弧の中）しかも、「p」は、話し手と聞き手との間で、認識済みであるために、再び取り上げる必要がないからだと考えられる。

以上の記述を踏まえると、例（44）と例（45）両者の根本的な違いは、次のように指摘することができる。

①例（44）は典型的な推量パターン「p→q」であり、「p」は接続助詞で終わる形で現れ、「q」の条件になる。言い換えれば、ここでは、手がかり「p」が言語化されたのである。
②例（45）は、同じく推量文である。ここでは、「p」が暗に存在しつつも、言語化されておらず、「q」だけが言語化されている。厳密に言うと、ここでは「φ→q」のようになる。

更に、ここで、後者のほう、即ち「『p』が言語化されてない場合」について、次のように補足する。

例（45）では、話し手は、暗に存在している「p」から「q」を推量している。即ち、ここでは、「q」は単なる推量の機能を有してい

る。だが、筆者の考察では、同じく「p」が言語化されていないが、推量以外の機能を有している例もある。次の二例を参照されたい。

(46) この私を夫の下に送り出してくれた親、<u>きっとさまざまな思いだったでしょうが</u>、何も言わずに送り出してくれました。

(47) 十人、<u>多分十人近く</u>乗ってたと思うので。

　例（46）では、話し手は、自分が嫁いだときのことについて述べている。ここでは、命題「q」のみ現れている。何を根拠に、「（親が）きっとさまざまな思いだったでしょうが」を導き出したのかについては、この文には、現れておらず、「p」が言語化されていないのである。また、「きっと」を使って推量をしている以上、推量の機能を依然として有している。ここでは、本来、なくてもいいところに文を挿入させることに意味があるようである。

　例（47）では、話し手は、乗る電車のことについて述べている。ここでも、命題「q」のみ現れており、何をもって「多分十人近く」を導き出したのかは、同様にこの文に現れておらず、「p」が言語化されていないことが認められる。また、例（47）は「多分」を使って推量をしている以上、推量の機能を依然として有している。ここでは、命題「多分十人近く」をもって前の「十人」を修正していることに意味があるようである。

　以上の説明を踏まえ、推量の形式を表4-1のように、まとめることができる。

表4-1　推量の形式

具体例	「p」の言語化	「q」の機能	
44	○	推量	—
45	×	推量	—
46	×	推量	一つの文に推量を挿入する
47	×	推量	先行文脈を修正する

以上の説明を踏まえ、本章では、次のように論述を進めていく。「p→q」を軸に、まず、第4.2節では、「pが言語化された場合」の機能を見ておく、そのうえ、グループ間における機能上の特徴を指摘する。つぎに、第4.3節では、「pが言語化されていない場合」の機能を見ておく。そのうえ、グループ間における機能上の特徴を指摘する。最後に、第4.4節では、本章の結論をまとめる。

4.2　「p」が言語化された場合

本節では、「p」と「q」の関係に基づき、4.2.1節で、「『p』が言語化された場合」の機能を検討し、そのうえ、4.2.2節でグループ別における特徴を分析する。

4.2.1　「p」が言語化された場合の統語的機能

本節では、具体的に、次のような表に沿って「『p』が言語化された場合」の機能」を見てみたい。

表4-2　「p」が言語化された場合における機能

形式	機能
「p」が「けど」節である場合	推量
「p」が「て」節である場合	
「p」が「と」節である場合	
「p」が「ので」節である場合	

なお、本研究では、研究の結論に影響をしないことを理由に、順接を表す「けど」節、「が」節を同一視することにし、このような順接を表すものを「けど」節で一括することにする。同様の理由に基づき、仮定を表す表現「たら」節、「と」節、「ば」節、「なら」節などを、「と」節で一括することにし、因果関係を表す表現「か

ら」節、「ので」節などを「ので」節で一括することにする、ということを記しておく。

  I 「p」が「けど」節である場合

 この種の機能では、手がかり「p」のところに、「けど」節（が節）が現れている。話し手は、この表現を手がかりに、推量を展開していく。

  (48) (F と一)その例としては、天下大将軍と地下女将軍という韓国に行くと、よくお土産さんなんかであるんですが、<u>真っ赤なトーテムポール、一対のトーテムポール、男のトーテムポール、女のトーテムポールなんですが</u>、それが駅や神社等には、**必ず**あります。

 例（48）では、話し手は、韓国に行くとき、よく見かけるトーテムポールである天下大将軍と地下女将軍のことについて述べている。話し手は、ここでまず推量の対象である「トーテムポール」のことを提示しておいた。その後、「必ず」を使い、「それが駅や神社等にはある」と、先ほど提示しておいたトーテムポールのことを推量している。

  (49) (F あの) <u>平田市に鰐淵寺というですね、（F あのー）大変、（F あの）有名な、（F あの）（D う）古刹があるんですが</u>、（F えー）（F あ）**恐らく**平安時代、（F いー）（D の）（F おー）あるいは奈良時代の終わりか、平安時代に創建されたと思いますけれども。

 例（49）では、話し手は、島根県平田市にある鰐淵寺のことについて述べている。「恐らく」を使って推量をする前に、「鰐淵寺と

いう古刹があるが」と、推量の手がかりを提示したものがある。その後、話し手は、「恐らく」を使い、「鰐淵寺は、平安時代、あるいは奈良時代の終わりか、平安時代に創建されか」と、提示した手がかりのことについて推量をしている。

(50) で、（Fあの）体の手入れなんですけれども、（Fあのー）**どうも**猫は、水が嫌いということで。

例(50)では、話し手は、猫の手入れのことについて述べている。話し手は、まず「体の手入れなんですけれども」と、先に、推量の背景を提示しておいた。この推量の背景を説明したうえ、話し手は、「どうも」を使い、「猫が水が嫌いだということで」と、手がかりである「猫の手入れ」のことについて推量をしている。

(51) あたしの方に、後ケント・ギルバートって書いてますけど、**もしかして**、いないかも。（Dす）どっちか、（Fあ）＜FV＞ケント・ギルバートいないです。

例(51)では、話し手は、ケント・ギルバートのことについて述べている。「もしかして」を使って推量をする前に、話し手はまず「ケント・ギルバートって書いてますけど」とケント・ギルバートの情報を先に提示しておいた。その後、「もしかして」を使い、「ケント・ギルバートがいないかも」と、ケント・ギルバートのことについて推量をしている。

Ⅱ 「p」が「て」節である場合

この種の機能では、手がかり「p」のところに「て」節が現れている。話し手は「て」節を手がかりに、推量を展開している。

なお、この使い方を次の二種類に分けることができる。

A) 推量する手がかりを提示した後、その手がかりのことについて推量する。なお、前述したⅠの「pけど、陳述副詞q」」との関係は、本章の「まとめ」の部分で述べる。

(52) 九州の佐賀の方では、焙じ茶で茶飯を作る習慣があって、**必ず**、魚の干物を付けるのだそうです。あそこのお宅では、日曜日の朝は、**必ず**茶飯に干物だそうです。

例（52）では、話し手は九州の佐賀地方の焙じ茶のことについて述べている。「必ず」をもって推量をする前に、「佐賀地方には、焙じ茶で茶飯を作る習慣があって」と推量の背景を説明した。それを推量の出発点として、話し手は、「必ず」を使い、「佐賀地方で、焙じ茶で茶飯を作るとき、魚の干物を付ける」と推量をしている。

(53) この蛇崩のすぐ近くにはですね、（F あの）（F えーと）宿山という地名がありまして、**恐らく**、これもですね、（F まー）多分、彼が、この辺で、（F まー）陣を泊まって、（F あの）（F あ）陣を張って（F ま）泊まった（F ま）故事にですね、（F ま）因んだものではないかと。

例（53）では、話し手は、源頼朝と宿山との関連について述べている。「恐らく」を使う前に、「蛇崩の近くに、宿山という地名がある」と、推量の手がかりを提示した。その後、話し手は、「恐らく」を使い、「宿山は源頼朝がこの辺で陣を張って泊まった故事に因んだのではないか」と、手がかり（ここでは「宿山」のこと）について推量をしている。

(54) 実はメタ言語行動表現と言っても（D ひ）（D い）色々ありまして、**どうも**（F あの）こういう対人的なもの、対人

的な配慮のものだけでないってことも確かなようで。

　例（54）では、話し手は、メタ言語行動表現のことについて述べている。話し手はまず「メタ言語行動表現がいろいろありまして」と、先に、推量の手がかりを提示しておいた。その後、話し手は、その説明を踏まえたうえ、「どうも」を使い、「メタ言語行動は、対人的なもの、対人的な配慮のものだけでないということも確かなようで」と「メタ言語行動表現」のことについて推量をしている。

　(55) 家の中にもう、とにかく、本が異常にあって、小さかった頃から、**もしかしら**、この家は本の重みで、潰れてしまうんじゃないかなと本気で心配したぐらいです。

　例（55）では、話し手は自分の家の状況について述べている。「もしかしたら」の前に先行する文脈は、「家の中に本が異常にあって」という文脈となっている。この文脈は、私達に、家の中に本がたくさんあるという背景を説明している。その後、話し手は、この推量の背景の説明を踏まえたうえ、「もしかしたら」を使い、「家は本の重みで潰れてしまうんじゃないかな」と、家のことについて推量をしている。

B) 推量する手がかりを提示した後、継起する事柄について推量する。

　(56)　（Ｆえ）とても奇麗な（Ｆあのー）二階建ての（Ｆう）（Ｆま）（Ｆん）ビル形式の建物に建て替わりまして、**きっと**（Ｆその）お洒落なコーヒーショップか、（Ｆえー）または、今はやりのファーストフードのお店なんかが、入るのではないないかと。

例 (56) では、話し手は昔からの古い布団屋さんが将来何に建て替わるのかについて述べている。「きっと」に先行する文脈は「（古い布団屋さんが）ビル形式の建物に建て替わまして」となっている。これを手がかに、話し手は、「きっと」を使い、「（布団屋さんが）ビル形式の建物に建て替わった後、お洒落なコーヒーショップ、または、今はやりのファーストフードのお店などがここに入るのではないか」と、「ビル形式の建物に建て替わって、次はどうなるのか」というように展開している。すなわち、「きっと」は「ビル形式の建物に建て替わって」に立脚したうえで、継起する事柄について推量をしているわけである。

(57) <u>その為に、ここにあった（F あー）縄文の遺跡は、ことごとく、（F う）（F あー）破壊されて、**恐らく**、人々はですね、どっかに、移っていっただろうと思われます。</u>

例 (57) では、南九州で大規模な噴火により、縄文の遺跡が破壊されたことについて述べている。「恐らく」に先行する文脈は「縄文の遺跡は破壊されて」となっている。この手がかりを踏まえて、「恐らく」を使い、「縄文の遺跡が破壊された後、人々は、住むところがなくなり、どこかに移っていっただろうと」、「縄文の遺跡が破壊された後、次はどうなるのか」と、継起する事柄について推量をしているのである。

(58) <u>（F え）そして（F え）そういう（F えー）（F い）書記の単位が語へ移行しつつあったという、その流れを受けて、（F えー）藤原定家が下官集を記述していったんだという解釈も、**あるいは**可能かと思われます。</u>

例 (58) では、話し手は、書記の単位が語に移行した後の影響について述べている。「あるいは」に先行する文脈「その流れを受け

て」となっている。この文脈を手がかりに、話し手は、「あるいは」を使い、「藤原定家が下官集を記述していたことが解釈が可能になる」と、先行文脈が継起した後の結論について推量をしているということになる。

Ⅲ 「p」が「と」節である場合

この種の機能では、手がかり「p」のところに、条件表現「と」節（「たら」節、「ば」節、「なら」節など）が使われている。話し手は条件表現を手がかりに、推量を展開している。

(59) 言葉が通じない分、そういった心の波長をちょっと猫に合わせてあげてやると、きっと、素敵な関係が築いていけると思います。

例 (59) では、話し手は、猫と人間との関係の築き方について述べている。「きっと」に先行している文脈は「波長を猫に合わせると」と、条件表現となっている。この手がかりに立脚したうえ、話し手は「きっと」を使い、「（猫）が私と素敵な関係が築いていける」と、その「心の波長を猫に合わせる」行為が成立した場合のことについて推量をしているのである。

(60) (F えー)((D 多)多分音楽というものがなければ、こう人生の楽しみだとか、心地良さだとかっていうのは、半減するんじゃないかと

例 (60) では、話し手は、音楽と人生との関係について述べている。「多分」に先行している文脈は「音楽というものがなければ」であり、条件表現となっている。この前提に立脚したうえ、話し手は、「多分」を使い、人生の楽しみだとか、心地良さだとかってい

うのは、半減するんじゃないか」と、「音楽がないこと」が成立した場合のことについて推量している。

 (61) **あなたが頑張れば**、**もしかしたら**、何かお付き合いできるかもしれないじゃん、もうちょっと頑張んなよって言われてて。

 (61) では、話し手は、恋愛のことについて述べている。「もしかすると」に先行している文脈は「あなたが頑張れば」であり、条件表現となっている、この前提を受け、話し手は、「もしかしたら」を使い、「何かお付き合いできるかもしれない」と、その「頑張る」行為が成立した場合のことについて推量をしている。

 Ⅳ 「p」が「ので」節である場合

 この種の機能では、手がかり「p」のところに、原因を表す表現「ので」節（「から」節）等が使われている。話し手は、この表現を手がかりに、後続する結果のことについて、推量を展開している。

 (62) **とても**(F あのー)**便利なものなので**、(F ま)二十一世紀には**必ず**、(F あのー)残っていくし。

 例（62）では、話し手はパソコンのことについて述べている。ここでは、話し手は「（パソコンは）とても便利なので」と原因表現を先行させ、次に、「必ず」を使い、後続する結果について推量をしている。

 (63) (F えー)心理言語学の中では、(F えー)これは、(F えー)(F う)**人類は、みんな兄弟というふうな、基本的な**(F あの)**立場に**(F い)**立ちますので**、(F え)**恐らく**世界の言語の人達は、基本的には同じようなメカニズムが存在していると。

例（63）では、話し手は、音素の原理について述べている。ここでは、話し手は、「心理言語学の中では、人類は、みんな兄弟というふうな、基本的な立場に」という原因表現を先に提示しておいた。この原因表現を手がかりに、「恐らく」を使い、その結果である「世界の言語の人達は、基本的に同じようなメカニズムが存在している」について推量をしている。

(64) そういう性格なものですから、面接を受けに行ったりして（F えー）面接官と顔を合わせて質疑応答するようなことが**どうも**やりたくないようなで。

例（64）では、話し手は友人のことについて述べている。ここでは原因を表す表現から導き出された結果に、「どうも」を使っていると思われる。友人が、（上司などとの関係がうまくいけない）という性格だから、面接を受けに行ったりして、面接官と顔を合わせて質疑応答することがやりたくないという結果について、「どうも」を使い、推量をしている。

(65) （コッコ歌手は）あまりテレビに出ていないので、**もしかしたら**、こう音楽にあまり興味がない人っていうのは、コッコのことをあまり知られていない。

例（65）では、話し手は歌手コッコのことについて述べている。ここでは、「もしかしたら」に先行している文脈は「コッコ歌手はあまりテレビに出ていない」と原因を表す表現となっている。その後、話し手は、「音楽にあまり興味がない人には、コッコ歌手のことをあまり知られてない」と、「もしかしたら」を使い、前の原因表現から導いた結果について推量をしている。

4.2.2　グループ別における特徴

前節の分析を踏まえ、本節では、そのグループ間における機能上の特徴を考察する。

　Ⅰ　確信グループの特徴

確信グループの特徴については、「p→q」における「q」にある陳述副詞と共起する文末表現から、その特徴を見受けることができる。
　確信グループでは、認識内容である「q」のところに「ましょう」、「てほしい」、「てください」、「なければならない」など話し手の強い心的態度を表出する表現と共起することができる。それに対して、他のグルールでは、このような共起する文末表現は見当たらなかった。具体的に、次の例を参照されたい。

(66) **きっと**幸せに<u>なりましょう</u>[①]。
(67) **きっと**<u>会いましょう</u>[②]。
(68) 腹筋が弱いと、腰痛になり、全ての怪我の元になりますので、(Fえ)腹筋だけは、**必ず**(Fえー)鍛えるように心掛けるようにしてほしいと思います。
(69) とても辛くなってしまうので、**必ず**(Fあのー)種を抜いてください。
(70) 積雪荷重の推定値というのは、**絶対**(Fえー)正、または、ゼロにならなければいけない。
(71) この動きは、**絶対**止めてはいけないと思って。

例（66）から例（71）までの例は、いずれも話し手の強い確信を

[①] URL：https://ameblo.jp/miharu0531/entry-12424822458.html
[②] URL：http://www7b.biglobe.ne.jp/~matte/page026.html

もって推量をしている。また、文末表現に、「ましょう」、「してほしい」、「てください」、「なければいけない」、「てはいけない」など話し手の心的態度を強く表すものと共起することが分かるであろう。

また、具体的な数とその占める割合について、「きっと」の432例中、このような文末表現は30例あり、6.9%を占める。また、「絶対」の654例中、このような文末表現は65例あり、9.9%を占める。それから、「必ず」の787例中、このような文末表現は56例あり、7.1%を占める。

その一方、推測、推定、不確定グループは、上述の文末表現との共起は見当たらなかった。このことからも、確信グループは、話し手の事態に対する陳述度がほかのグループより高いということが分かるであろう。

Ⅱ　推定グループの特徴

推定グループの特徴については、「p」における「と」の機能から、その特徴を見受けられる。

まず、『日本語文型事典』（2004:272、382、619）で条件表現として挙げている例文を参照されたい。

(72) 雨**だったら**、道が混雑するだろう。
(73) このボタンを押す**と**、ドアは開きます。
(74) もし天気が悪けれ**ば**、試合は中止になるかもしれない。
(75) もしも、あまり高かっ**たら**、誰も買わないでしょう。
(76) 春が来れ**ば**、花が咲く。

この場合は、前項の「X」が成立してはじめて、後項の「Y」が成立するのである。換言すれば、「X」が成立しなければ、「Y」の成立が不可能となる。しかも「Y」は未実現の事柄でなければならな

いのである。

　例（72）では、前項の「雨になる」ことは、後項の「道が混雑する」ことの成立の前提になり、雨になってはじめて道が混雑するようになる。換言すれば、雨にならなければ、道が混雑するようにならないわけである。そして、例（73）から（76）でも、前項が成立しなければ、後項の成立が不可能だということを表すのである。

　また、推量を表す陳述副詞でも、同様な例が観察された。なお、本研究では、「前項依存型」と「非前項依存型」を分析する際、述語を一律「__」で表すことにする。

（77）一緒に踊れば、きっと素晴らしいカップルになるんじゃないかな。

（78）車で込んでいなければ、多分（D いわ）三十分ぐらいで着いちゃうと思うんですけど。

（79）（F えー）ついこちらから、（F えー）新しい文体を作ろうとすると、我々の（F その）（F えー）日常使い慣れた（F その）音の言葉ですね、音の言葉に、どうも、こう（D う）ぴったり合わなくなってしまうんですね。

（80）（F う）（F あの）そういったことを考えていきますとですね、（F あのー）ひょっとしたら、（F ま）楽しいまで、楽しいかもしれないなんてのは、（D あろえひい）（F うー）ちょっと言い過ぎでしょうけれども、（F え）暫くの間（? は）、（F あのー）、これで（F あの）退屈することもなくですね。（F あのー）、暮らしていけるんではないかと思います。

　例（77）では、前項「一緒に踊る」ことは成立してはじめて、後項の「素晴らしいカップルになる」わけである。すなわち、後項の「Y」は前項の「X」を成立条件としている。そして、例（78）～例（80）でも、前項「X」が成立してはじめて、後項「Y」が成立するわけである。

このように、後項「Y」は前項「X」の成立を前提に、前項「X」が成立してはじめて、後項「Y」が成立するような条件表現のことを、本研究では、「前項依存型」と定義する。

一方、『日本語文型事典』（2004:277、383、627）では、条件表現として挙げている次のような例文を参照されたい。

（81）変な音がするので隣の部屋に行ってみ**たら**ねずみがいた。
（82）トンネルを出る**と**、そこは銀世界だった。
（83）駅に着く**と**、友達が迎えに来ていた。
（84）部屋の様子が変だと思っ**たら**、案の定空き巣に入られていた。
（85）彼は変わり者だという評判だったが、会ってみれ**ば**、うわさほどのことはなかった。

この場合は、後項の「Y」の成立は、前項の「X」の成立を前提にしない。すなわち、「X」が成立する前に、既に「Y」が成立したわけである。

例（81）では、「隣の部屋に行ってみる」ことを契機に、「ねずみがいた」ということを発見した。しかも、「ねずみがいた」ということは、隣の部屋に行ってみるよりも以前に、既にそこにいたのである。とりわけ、隣の部屋に行ってみてはじめて、ねずみが出たわけではないのである。また、例（82）から（85）でも、「X」が成立する前に、すでに「Y」が存在したわけである。

すなわち、「X」が成立するか、成立しないかに関わらず、後項「Y」が成立している。

このように、後項「Y」は前項「X」の成立を前提とせずに、前項「X」が成立する前に、後項「Y」がすでに存在したような条件表現のことを、本研究では、「非前項依存型」と定義する。

筆者の考察では、「非前項依存型」における後項「Y」は、次のような種類がある。例（86）～（88）は、名詞の例、また、例（89）

〜（92）は、形容詞の例である。

(86) ただ一つ選ぶとすれば、**絶対**聖書ですね。
(87) だから今尊敬している人は誰かというと、**多分**父親。
(88) (Fえと)せいちゃんに守護霊を見てもらったら、**どうも**そのお爺ちゃんらしいんです。
(89) もう一つペットボトルに（Fえー）考えると、水は**必ず**必要です。
(90) (Fえー)本気で喧嘩したら、やっぱり兄貴の方が(Fえー)**多分**強かったので
(91) 普通にこう彼女からの電話だと思って出てみると、**どうも**何か彼女の様子がおかしくですね。
(92) 今見たら、**ひょっとしたら**、内容的にはそんな**面白くない**かもしれないかなっていう気はします。

これらの後項「Y」はどれも前の「X」の成立を前提にしない。
　次に、「Y」に「ある」、「いる」の例もある。例（93）〜（96）は、「ある」の例、また、例（97）〜（99）は、「いる」の例である。ここでも、後項の「Y」は、「X」が成立するか否かに関わらず、成立するのである。

(93) (Fえーっと)と書き言葉のコーパスの場合ですと、表記の揺れというのが**絶対**ありますから。
(94) (Fえー)しかしながら、音声と文字の発話運動との結び付きの強さの違いっていうのを考えますと、(Fま)これらには**多分**違いが**ある**と考えられます。
(95) しますと、(Fま)事例の会話抜き取りで(Fまー)、**どうも**(Dよう)(Mよ)との呼応関係が**ある**のではないかと。

(96) 日本でなぜ葬式の時にハンカチが配られるのかと思ったら、やはり日本もひょっとしたら、ハンカチには別れの意味があったのではないか。
(97) 彼らが車を走らせれば、そこには、必ず何か動物がいました。
(98) (F えー) 一体どうしたんだという風な話をしましたら、((F えー) どうやらあの老人には、孫なんかいないらしい。
(99) ひょっとしたら、沖の方に行ければ、大きな魚がいるのかもしれない。

更に、後項「Y」に「V ている（た）」の例もある。ここでも、後項の「V ている（た）」は前項の成立とは関連がなく、前項が成立してからはじめて後項が成立するわけではない。

(100) そいから通りますと、必ず誰かが歌っているわけですから。
(101) 女の場合だと、インターネットホームページを多分ホームページを見ながら、何か情報を入力している、質問とかを入力しているというようなことなんでしょうけども。
(102) で、こう近づいていったら、どうもやっぱり撮影をしてるらしく。
(103) ニュースを聞くと、ひょっとしたら、自分も自分の子供に同じことをしているかもしれないと。

以上では、後項「Y」の成立を「X」の成立を条件にするか否かによって、「前項依存型」と「非前項依存型」に分けた。両者の根本的な相違は後項の「Y」にあると考えられる。

「X」が成立してはじめて、「Y」が成立するのは、「前項依存型」である。一方、「X」が成立するかどうかに関わらず、「Y」が成立するのは、「非前項依存型」となる。

「前項依存型」と「非前項依存型」の定義を明らかにしたうえ、この定義を軸に、以下では、「推定グループ」の特徴を明確にする。

　ｉ　確信グループ

　（104）そういうことが淘汰されると、きっと、明るい未来っていうのがやってくんじゃないか。

　例（104）では、話し手は環境保護について述べている。「（環境に害する）そういうことが淘汰されることを前提に、明るい未来がやってくるのだということを述べている。そういうことが淘汰されない限り、明るい未来がやってこないわけである。すなわち、前項の「そういうことが淘汰される」ことは、後項の「明るい未来というのがやってくる」の成立条件となっている。

　（105）もし教室の前の扉から外に出れば、戻ってくる時も、必ず前から戻ってきます。

　例（105）では、話し手は、自閉症にかかった人のことについて述べている。ここでは、教室の前の扉から出なければ、（自閉症にかかった子供）は、前から戻ってこないわけである。すなわち、「教室の前の扉から外に出る」ことは、「前から戻ってくる」の成立条件となっている。
　最後に「絶対」の使用例を参照されたい。

　（106）この赤い部分の否定を取れば、絶対、矛盾しますね。

　例（106）では、話し手は数学概念である集合のことについて述べている。ここでは、赤い部分の否定を取らなければ、集合が矛盾す

第4章　推量を表す陳述副詞の統語的機能　・97・

ることにならないわけである。このことを受け、「この赤い部分の否定を取る」ことは「矛盾する」の成立条件となっている。
　以上の三例は、「p」が成立してはじめて「q」が成立するわけであるから、ここの条件表現は、「前項依存型」に属すると見なすことができる。
　一方、確信グループは、「非前項依存型」に使うことも可能である。以下は、二つの例を代表に、当該用法を参照したい。

(107) そういう規模の大きな商店に行きますと、**必ず**漢字で看板が書いてあるとか、あるいは大きな店とか、(F まー)不動産屋ですとか、そういったとこには、**必ず**漢字の看板があるんですね。
(108) 夕方通ると**絶対**閉まっているところがあるんですね。

　例 (107) では、話し手は、東南アジアに行ったときの見聞について述べている。話し手は、「大きな商店に行く」ことを契機に、「漢字で看板が書いてある」ことと、「漢字の看板がある」ことを発見した。また、「店の看板表示」の「q」は、話し手が大きな商店に行く前に既にそこにあり、話し手はそこに行ってから、はじめてできるわけではない。
　例 (108) では、話し手は、田辺銀座商店街のことについて述べている。「夕方商店街を通る」ことを契機に、「(商店街には)、閉まっているところがある」ということを発見した。同じように、「(商店街に) 閉まっているところがある」の「q」は、「p」である「夕方通る」ことを前提にするわけではない。話し手は、そこに行く前にすでにそういうふうになっているのである。
　以上の二例は「非前項依存型」と見なすことができる。

ⅱ 推測グループ

(109) 殴ったら、**多分**また何か挫けるから。

例（109）では、話し手は、中学校二年生の時、先生に叩かれたことについて述べている。先生に殴られていないので、挫けることにはなっていないわけである。「殴る」（先生から殴られる）ことは、「また何か挫ける」ことの成立条件となっている。
　続いて「恐らく」の例を参照する。

(110) (F えー) 皆が賛同しどんどんペーパーレス化を進めれば、もっとオフィスで見かける紙は、(D ほー) **恐らく**、トイレットペーパー以外にはなくなる。

例（110）では、話し手はペーパーレス化のことについて述べている。ペーパーバック化が進めればはじめて、トイレットペーパー以外のものがなくなるので、「p」は「q」の成立条件となっている。
　以上の二例では、いずれも「pと、q」において、「p」が成立してはじめて、「q」が成立する。「p」が成立しなければ、「q」の成立も不可能となる。従って、ここの条件表現は、「前項依存型」に属すると見なすことができる。
　一方、以下の「非前項依存型」の例もある。

(111) (F あの) 築地の方とか行くと、**多分**、やっぱり美味しいんでしょうけど。

例（111）では、話し手は魚の美味しさについて述べている。ここでは、「q」の「おいしい」ということは「p」が成立してからできたわけでない。ここの「p」はただ一つの発見の契機を提供しただけ

である。したがってここの条件表現は、「非前項依存型」と見なすことができる。

ⅲ　不確定グループ

(112) (Fあのー)鍛えれば、もしかしたら、(Fあのー)行けるかもしれない。

例(112)では、話し手は筋肉の鍛え方について述べている。体を鍛えなければ、後項の事柄が成立できなくなるわけである。ここでは、「鍛える」ことは、「(筋肉が)行けるかもしれない」の成立条件となっている。

次に「ひょっとしたら」の例を見てみよう。

(113) (Fあのー)(Fん)(Fんー)そうですね。(Fあの)無人島だったらば、(Fまー)(Fその)彼らもですね、(Fあのー)ひょっとしたら、(Fあのー)色々なことに煩わせないで、ストレートに何かコンタクトを取ってくれるのではないかと

例(113)では、話し手は、無人島のことについて述べている。無人島という設定のもとで、後項の「色々なことに煩わせないで、ストレートに何かコンタクトを取ってくれるのではないかと」のことを推量している。また、ここでも、「無人島だ」ということが、「彼らも色々なことに煩わせないで、ストレートに何かコンタクトを取ってくれる」ことの成立条件となっている。

以上の例では、いずれも「pと、q」において、「p」が成立してはじめて、「q」が成立する。「p」が成立しなければ、「q」の成立も不可能となるから、「前項依存型」と見なすことができる。

一方、次の「非前項依存型」の例もある。

(114) で、(Fまー)ひょっとしたら、沖の方に行けば、大きな魚がいるのかもしれないっていうことで。

例（114）では、話し手は、礼文島にいる魚のことについて述べている。ここでは、後項「大きな魚がいる」ことは、前項の「沖の方に行く」ことを前提にしない。沖の方に行かなくても、（そこに）大きな魚がいることが考えられる。よってここでは「非前項依存型」と見なすことができる。

iv　推定グループ

最後に推定グループにおける「条件表現」の使い方を見ていく。

(115) でそういうことを考えないと、どうも理解できなくなっていく。
(116) そういうことからするとどうも理解が合わなくなる。

例（115）では、話し手は、歴博で見たことについて述べている。そういう根拠を考えてはじめて、理解できるわけであるから、「そういうことを考えない」ことは、「理解できなくなっていく」ことの成立条件となっている。したがって、ここの条件表現は、「前項依存型」に属すると見なすことができる。例（116）も同様のことが言えるであろう。

一方、次の「非前項依存型」の例もある。

(117) 内部に入ってみますと、（Fん）どうもちゃんとしたゼネコンで働いていますと。

例（117）では、話し手は、ある建築屋のことについて述べている。ここでは、話し手は「（建築屋の）内部に入ってみる」ことを契機

に、「ちゃんとゼネコンで働いている」という建築屋のことを発見した。また、後項の「ちゃんとしたゼネコンが働いている」ことは、別に「内部に入ってみる」ことを前提にするわけではない。内部に入ってみる前に、すでに、ちゃんとしたゼネコンで働いているのである。

続いて、「どうやら」の例を見てみたい。

(118) <u>病院に行って、（F ま）見てもらったら</u>、何か**どうやら**、（F その）耳下腺という（F えーと）耳の後ろ側にある、（F あの）いわゆる唾液の出るところなんですけど、そこが<u>腫れてる</u>らしい。

例（118）では、話し手は、病院の耳下腺の検査について述べている。前項の「病院に行って医者に見てもらう」ことを契機に、後項の「耳下腺が腫れているらしい」を発見した。ここでも、「耳下腺が腫れている」ことは、「病院に行って、お医者さんに見てもらう」前に、すでにそうなっているのである。

例（117）と例（118）例では、後項の事柄は、いずれも前項の事柄の成立を前提にしない。

以上では、「前項依存型」と「非前項依存型」に分け、各グループの「pと、q」の機能を見てきた。すべてのグループにおいて、この二種類の条件の使用が確認できた。とはいえ、グループ別に使用の多寡において、「推定グループ」の特徴を見出すことができた。次の表を参照されたい。

表4-3を見ると、次のことが分かる。

①推定グループ以外では、「前項依存型」は「非前項依存型」より圧倒的に多い傾向が見られる。

②推定グループでは、「非前項依存型条件」はほかのグループより多い傾向が見られる。

表4-3　推定グループにおける条件表現の分布

	前項依存型総数	非前項依存型総数	条件表現総数
確信 きっと、必ず、絶対	205	71	276
推測 多分、恐らく	125	55	180
推定 どうも、どうやら	26	43	69
不確定 もしかしたら ひょっとしたら あるいは	39	14	53

以上の説明を踏まえると、「推定グループ」の特性に関しては、「pと、q」次のようにまとめることができる。

A）確信グループ、推測グループ、不確定グループでは、「前項依存型」は「非前項依存型」より多い。
B）推定グループでは、「非前項依存型」は、「前項依存型」より多い。

Ⅲ　不確定グループの特徴

不確定のグループの特徴については、「pと、q」における陳述副詞の位置から、不確定グループの特徴を見出すことができる。なお、このグループの特徴は、「もしかしたら」、「ひょっとしたら」に

第4章 推量を表す陳述副詞の統語的機能 ・103・

ついての特徴であることを断っておく。本研究では、「陳述副詞 p と、q」を軸に、不確定グループの特徴を抽出しようとする。だが「あるいは」では、「陳述副詞 p と、q」に関する例が一つも出ていなかった。そのため、ここでは、「もしかしたら」と「ひょっとしたら」の特徴のみを考察することにしたゆえんである。

　話し手は、推量を表す陳述副詞を使って推量を展開するとき、何からの手がかり「p」を基に、認識内容「q」を導くのである。しかも、陳述副詞は、「と」の後に置き、つまり、「p と、陳述副詞 q」が普通である。次のような例文を参照する。

(119) こういう方式を取りますと、**必ず**構成できない音韻系列ができるんですね。
(120) 十一万になると、**絶対**行かない。
(121) (F えーと)分類精度については、サンプリングをやると、**多分**劣化する。
(122) (F ま)別の係り受け(D こ)正しくない係り付け構造出してしまったら、**恐らく**分かりにくいだろうな。
(123) まず土が行き届いていて見えないに(D し)してしまうと、**どうも**(M 土が)が(M 行き届いて)に係ってしまいそうだ。
(124) で、その老人が帰ってから、(F えー)一体どうしたんだという風な話をしましたら、(F えー)**どうやら**あの老人には孫なんかいないらしい。
(125) あなたが頑張れば、**もしかしたら**行けるかもしれない。
(126) (F あの)無人島だったらば、(F まー)(F その)彼らもですね、(F あのー)**ひょっとしたら**、(F あのー)色々なことに煩わせないで、ストレートに何かコンタクトを取ってくれるのではないかと。

　以上の例文を見ると、「p と q」では、推量を表す陳述副詞がいずれも、「q」のところにあることが見受けられる。厳密に言えば、「p

と、陳述副詞 q」の形になっているのである。

　しかし、実際の例文では、「p と、陳述副詞 q」だけでなく、「陳述副詞 p と、q」の例がある。つまり、陳述副詞は「q」から「p」に移る例もある。次の例を参照されたい。

(127) **多分**車で込んでなければ、(D いわ) 三十分ぐらいで着いちゃうと思うんですけども

(128) **どうも**それを評価するといった行為があるとわかると、途端に気持ちが逸れてしまい、自由に表現できなくなる。

(129) **もしかして**ポテトが助からなかったら、どうしよう。

(130) (F まー) **ひょっとしたら**、三千円ぐらいあれば、遊べる(D ん) 一日遊べるんじゃないかと思って、みんな行ってる訳ですけれども。

　上述の (127) から (130) までの四例は、いずれも陳述副詞は「q」にあるのではなく、「p」にあることが分かるであろう。
　また杉村（2009:147-148）でもこれと似た例を挙げている[①]。

(131) いまの十四郎が、**もしかして**死んだ場合にも、私だけはこの家族を離れず、弟の喜惣に連れ添え-って。

(132) 私とキム・チョンヒは急いで旅館を抜け出し、素早くバスに乗り込みました。**ひょっとして**駅で一味とばったり会ったら、最後です。

　しかし、「陳述副詞 p と、q」の種類の分布は、四つのグループの間に不均衡が見られる。表 4-4 を見てみよう。

[①] 例 (131)、例 (132) は、杉村 (2009) から引用した例だが、例の番号は本章の通し番号に従うことにした。

第4章　推量を表す陳述副詞の統語的機能　・105・

表 4-4　「陳述副詞 p と、q」の例の分布

陳述副詞		「陳述副詞 p と、q」の例	条件表現の総数
確信	きっと	0	51
	必ず	0	130
	絶対	0	95
推測	多分	2	143
	恐らく	0	37
推定	どうも	1	65
	どうやら	0	4
不確定	もしかしたら	16	38
	ひょっとしたら	5	11

　上記の表を見ると、確信グループでは、「陳述副詞 p と、q」の例は皆無となっている。推測グループでは、「多分」においては、2例あるが、143例の総数中、わずか1.3%しかない。一方、「恐らく」においては、このような例は一つもない。推定グループでは、「どうも」は1例しかなく、65例中、わずか1.5%しかない。一方、「どうやら」においては、このような例は一つもない。
　しかしながら、不確定グループになると、様子が大きく異なってくる。「もしかしたら」においては、「陳述副詞 p と、q」の例が16例で、38例中42.1%を占めている。また、「ひょっとしたら」においては、「陳述副詞 p と、q」の例が5例で、11例中45.5%以上を占めているのである。
　したがって、「陳述副詞 p と、q」の使用に関して、不確定グループは、四つのグループの中でもその使用が一番多く、特徴的に際立っているということになるのである。
　以上の形式は不確定グループの如何なる機能を物語っているのであろうか。

この機能を探求するにあたって、「もしかしたら」と「ひょっとしたら」は、「もし」との関係に遡ることができると考えられる。
　そこでまず、「もしかしたら」の語源を見てみよう。語源的な観点からすると、「もしかしたら」は「もし」から成立したと考えられる。
　この点について、杉村（2009:148）は、「『モシカスルト（シタラ）』は、「モシ」から成立した」と指摘している。更に、これより詳細な小池（2003）の論述がある。

　　モシに関しては、本稿における明治期においてもすでに仮定条件節での用法が見られ、この用法でのみ使用されている。（中略）ところが、モシカ・モシヤは、上述の通り＜仮定条件＞の例もあれば、＜可能性想定＞の例も見られる。（中略）このようにして見ると、＜仮定条件＞という用法において、モシとモシカ・モシヤは併存していたことになる。そのような競合状態の結果、＜仮定条件＞を表したい場合には、＜仮定条件＞の用法しか持たないモシが負うようになっていたものと思われる。なぜなら、モシが＜仮定条件＞の用法しか持たないという認識が定着したとするならば、あえて＜仮定条件＞と＜可能性想定＞といった複数の意味を持つモシカ・モシヤを用いるよりも、仮定を表したいという表現意図がより単純明快に表せるからである。
　　一方のモシカ・モシヤは、すでに＜仮定条件＞と＜可能性想定＞とが兼ね合わさっている認識が確立していたため、新たに＜可能性想定＞だけの用法を持つ表現が求められたのではないだろうか。それにより、モシカスルト（類）という表現が使われるようになっていたのではないだろうか。（小池 2003：207-208）

　小池（2003）の論述を見ると、「もしかしたら（類）」は、「もし」から「もしか・もしや」を経て、成立したということが伺える。
　この説明を受け、現代になっても「もしかしたら」は依然として

「もし」の機能も依然として保持していると考えられる。
　現に、本研究で考察した例文の中に「もしかたらば」の形で使われる例を発見できた。

　　（133）（F あの）いつ冷凍食品に混入してしまったのかというのは何か不明らしいんですが、**もしかしたらば**、（F あのー）(?)工場内での（F あのー）選別の過程野菜などを選別する過程で（F あのー）**もしかしたらば**入ってしまったのではないか、で、その際に見つからないまま、除去できなかったのではないかということでした。

　こうして、「もしかしたら」は、「もし」から成立したことが分かった。そこで、現代日本語における「もし」の使用法を考察すれば、なぜ「もしかしたらpと、q」が「もしかしたら」の使用において、42%の使用を占めていることを説明することができる。
　ここで、「もし」の例を参照する。

　　（134）もし困れば、連絡するだろう。（新明解 2010:1477）
　　（135）もし水がなかったら、生きていけない。（新明解2010:1477）

　『新明解国語辞典』を見ると、「もし」は、「もし困れば」、「もし水がなかったら」で使われるのが一般的な用法である。また、筆者は「もし」を検証対象に、CSJコーパスを検索対象に、「pと/ば/たら/なら、q」における「もし」の使用状況を検索した。コーパスでは、「もし」の例が全部906例を検出した。このうち、「もしpと/ば/たら/なら、q」の用例は903[①]例も出ており、用例の99.7%を占める。このことから、「もしpと/ば/たら/なら、q」の用法は、「p

---

　[①] ほかの3例は、「pと/ば/たら/なら、もしq」となっており、ここにおける「もし」は「仮定を誘導する」機能を持っていない。

と/ば/たら/なら、もし q」と違い、「もし」の一般的な用法と見なすことができるのである。

　すなわち、「もし」は「もし～ば」、「もし～たら」のように使われることが一般的であるので、それに由来した「もしかしたら」も「もしかしたら～ば」、「もしかしたら～たら」も、同じように成立できるようになるのである。裏返しで考えると、「もしかしたら～ば」、「もしかしたら～たら」は、「もし」の用法に由来したものだと考えられる。

　次の二例は正にこのことを示している。

（136）で、もしかしたら、これ総選挙が近くなかったらば、これほどの騒ぎにはならなかったのではないかと私は思います。
（137）で、もしかして、何か芋みたいなものがあって、うまそうだったら、それを焼いて食べてみて。

　これをもって、「もしかしたら」の38例の条件表現のうち、このような用法は16例もあり、四割以上を占めているということを解釈することができると考えられる。また、これらの用法は「もし」に由来していることから、筆者はこの機能を「仮定条件を誘導する機能」と名付けたい。

　一方、「ひょっとしたら」にも、このような機能がある。筆者の考察では、「ひょっとしたら」の11例の条件表現のうち、このような用法は5例もあり、四割以上を占めている。

　更に、杉村（2009:147）では、「ひょっとしたら」に「もし」に近い意味があるというように指摘している。

　「ひょっとして」は具体的に使われるとき、仮定を表す「もし」に近い意味を表す。

次の例（114）（再掲）は、正にこの機能を表している。

(114)（再掲）で、(F まー)ひょっとしたら、沖の方に行けば、大きな魚がいるのかもしれないっていうことで。

更に、筆者の考察では、「もし」と「ひょっとして」が並列して使われる例も観察できた。

(138) みんな(D し)同じ身長で、同じ髪の同じ髪の毛で、でしまいには、同じ、みんな顔で、みんな(D お)同じような女性は、みんな宇多田ヒカルに成ったら、怖いですよね。(F ま)自分も、この、この、**もしひょっとして**、この操作するという可能性は、自分は、そういった面で、(F あ)(F ま)賛成はできません。

筆者は「もしかしたら」、「ひょっとしたら」に「もし」の使い方と似た機能を「仮定条件を誘導する機能」と名付けたい。

本節では、「p と q」における陳述副詞の位置を判定材料に、不確定グループの特徴を引き出すことができた。その特徴に関しては、次の二点をまとめることができる。

A) 形式的に、「陳述副詞 p と、q」の形式がほかのグループより圧倒的に多く使われる。
B) 機能的に、「仮定表現を誘導する機能」がある。

4.2.3 本節のまとめ

本節では、「p」と「q」との関連を軸に、「『p』が言語化された場合」における、推量を表す陳述副詞の統語的機能を概観し、そのうえで、グループにおける特徴を指摘することができた。考察をまとめると、次のようにまとめることができる。

表 4-5 「『p』が言語化された場合」の機能

形式	機能
「p」が「けど」節である場合	「p」のことを推量する
「p」が「て」節である場合	「p」のことを推量する
	「p」の継起する事柄を推量する
「p」が「と」節である場合	「p」が成立した場合のことを推量する
「p」が「ので」節である場合	「p」の結果のことを推量する

また、グループ別の特徴を指摘することができた。具体的に見てみると、次の三点にまとめることができる。

① 「q」にある共起する表現から、確信グループの特徴を抽出することができた。確信グループ（「きっと」、「必ず」、「絶対」）では、「ましょう」、「てください」、「てほしい」など話し手の心的態度を強く表す文末表現と共起できるが、ほかのグループではそのような共起はできない。
② 「pと、q」における条件表現（「と」）の性格から、推定グループの特徴を抽出することができた。推定グループでは、（「どうも」、「どうやら」）「非前項依存型」は、「前項依存型」より多い。ほかのグループでは、「前項依存型」は、「非前項依存型」より多い。
③ 「pと、q」における陳述副詞の位置から、不確定グループの特徴を抽出することができた。不確定グループは、（「もしかしたら」、「ひょっとしたら」）仮定表現を誘導する機能を有している。

なお、現段階では、四グループのうち、三つのグループの特徴を抽出することができたものの、「p」と「q」の関係に基づいた第二

のグループの機能の特徴、つまり（推測グループの「多分」、「恐らく」）の特徴を抽出することができていないことを断っておきたい。これを今後の課題としたい。

4.3 「p」が言語化されていない場合

　4.2節では、「『p』が言語化された場合」の機能とそれによるグループ別における特徴を見てきた。本節では、「『p』が言語化されていない場合」の機能とそれによるグループ別における機能を考察したい。

4.3.1 「p」が言語化されていない場合の統語的機能

　「『p』が言語化されていない場合の機能」を更に二種類に分けることができる。まず次の例文を参照する。

（139）これは**必ず**（F あの）（D コミュニュ）言語的なコミュニケーションに伴う事柄です。
（140）（D すす）帰る頃には**きっと**かなりの体重オーバーだと思いますが。
（141）これも**恐らく**平安京周辺で作られたものでしょう。
（142）（F ま）そこは**どうやら**、（F その）午前中のうちに、全部商品を売り切ってしまって。
（143）この時**もしかしたら**架空名義入札を使われているかもしれません。
（46）（再掲）この時この私を夫の下に送り出してくれた親、**きっと**さまざまな思いだったでしょうが、何も言わずに送り出してくれました。
（47）（再掲）十人、**多分十人近く**乗ってたと思うので。

　上述の例は、推量の手かがりである「p」は、既に話し手と聞き手

の認識の中に共有されているので、ここでは、再度取り上げる必要がない。いずれも「p」が文に現れていない。よって、「p」が言語化されていないことが認められる。

しかし、上述の五つの例には、次のような相違が見受けられる。

例（46）（再掲）、例（47）（再掲）では、「q」（二重下線）は、一つの文の中（この私を夫の下に送り出した親は何も言わずに送り出してくれました）に入れられたり、また、「q」の前に、「q」と同じ語句（十人）が出たりするようになっている。それに対して、例（139）から（143）の例では、該当する文は「q」のみとなっている。

以上の説明を踏まえ、本研究では、例（139）から（143）までの例のように、「該当する文は『q』のみとなっている場合」を「『p』が言語化されていない場合1」と名付ける。一方、例（46）（再掲）、例（47）（再掲）のように「q」は、一つの文の中に入れられたり、例（47）（再掲）では、「q」の前に同様の語句があったりするので、該当する文における「q」は、何らかの操作を受けたものとして、「『p』が言語化されていない場合2」と名付ける。また、後者は何らかの操作を受けていることから、推量以外の機能を有していると想定される。

以上の説明を踏まえ、本節で、下表のように論述を進めたい。

表4-6 「p」が言語化されていない場合における機能

形式	機能
「p」が言語化されていない場合1	推量
「p」が言語化されていない場合2	推量+α

Ⅰ 「p」が言語化されていない場合1

(144) 対応してもらいたいのは、**絶対**、あるんですね。

(145) （Fあの）子供達は**必ず**（Fあのー）食後には食べる（Fま）習慣になってましたので、
(146) 夜は、**きっと**、真っ暗になってしまうだろうし。
(147) （Dすす）帰る頃には、**きっと**かなりの体重オーバーだと思いますが。
(148) つまり、弥生人は、ずっと礼文島に住んだんじゃなくて、（Fえー）**多分**、アワビ捕りにやってきて。
(149) この陳皮の、**多分**、香だと思うんです。
(150) 猫用のシャンプーというのは、**どうも**（Fあのー）あまり刺激が強すぎるんではないのかなと。
(151) **どうやら**（Fま）一人暮らしの寂しさで、（Fえ）見栄を張って（Fえー）話をしてみたいと。
(152) 一つ二つ通い筒ってのは、もう（Fんー）**ひょっとすると**すぐ流しちゃうもんですから。
(153) **ひょっとしたら**、一番の抜け穴っつうか、穴じゃないかなと。
(154) その（Fえー）学習者は、**もしかしたら**全然わかってないんじゃないか。

例（144）から例（154）では、例（45）と同様に推量の手がかりである「p」が何らかで形で現れており、これについては話し手と聞き手との間で、認識済みである為に、再び取り上げる必要がなく、「p」が言語化されていないわけである。推量文には、推量の認識内容である「q」のみが言語化されているということが分かる。しかも、「q」が単純に推量を表し、推量以外の機能は表れていない。

Ⅱ 「p」が言語化されていない場合2

本節では、「『p』が言語化されていない場合2」の機能を考察したい。

ここの「p」は、既に話し手と聞き手との間で共有されているために、再び取り上げることがないと思われるために、「p」が言語化されていないわけである。

この種類を次の三種類に分けることができる。

(46) (再掲) この私を夫の下に送り出してくれた親、**きっとさまざまな思いだったでしょうが**、何も言わずに送り出してくれました。

例(46)(再掲)では、話し手は、自分が嫁いだときのことを述べている。

ここでは、どういう機能を持たせるかというと、まず、「q」の前の部分を検討する。「私を夫の下に送り出した親」は自分の親のことについて話しており、それから、「q」の後にも、「何も言わずに出してくれた」と自分の親のことについて述べていることに変わりがない。だが、「q」である「きっと様々な思いだったでしょうが」という文は、話し手自身のことを述べており、親のことについて言及しているわけではない。つまり、自分が親の当時の気持ちを推測しているのである。ここでは、この文はなくてもよいが、この文を入れることによって、親の当時の心情を我ながら推量している気持ちを強く表すことになる。よって、ここの機能はⅠと異なるのである。この論述を踏まえると、ここでの推量は、「私を夫の下に送り出した親は、何も言わずに出してくれた」という一つの文の間に、「きっと様々な思いだったでしょうが」という文を挿入しているということになる。

続いて、推測グループの例を検討する。

(155) オーストラリアの銀行の利子って、今でも、**多分そうだと思うんですが**、非常に利子がよくて。

(156) (Fえー) 私の祖父は、(Fえー) 明治生まれで、(Fんー)

<u>恐らく（F ま）その時代の人は、（F あのー）みんなそうだったと思うんですけれども</u>、非常に（F ま）気骨があるって言うんですね。

例（155）では、話し手はオーストラリアの銀行の利子のことについて述べている。「q」に前接する部分は、「オーストラリアの銀行の利子って」で「オーストラリアの銀行の利子」についての説明であり、後続する部分の「非常に利子がよくて」は、同じくオーストラリアの銀行の利子のことを説明している。また、「q」である「今でも、多分そうだと思うんですが」という文はなくてもいいが、ここに挿入することによって、話し手のオーストラリアの利子の良さについての推量を表す気持ちがより強く現れることになる。

一方、例（156）では、話し手は、自分の祖父のことについて述べている。「恐らくその時代の人はみんなそうだったと思うんですけれども」という自分の祖父のことを説明する文「わたしの祖父は明治生まれで」は、「（わたしの祖父は）非常に気骨があるっていうです」という文の間に挿入されていることが見受けられる。

最後に、不確定グループの二例を考察したい。

(157) そこは本当に全く聞いたこともない町だったんですが、(F あの)、日本語のパンフレットもあって、(F あの)（F ん）<u>(D おそる) もしかしたら、モンサンミッシェルに行く人たちの間では、メジャーな都市だったのかもしれないんですけれども</u>、(F あのー) 一般的には、あんまり知られていない (D と) ようなところだと思います。

(158) これは実験によって (D しもさ) 示さなければならないわけですが、<u>(F えー) ひょっとして時間が切れるといけないが</u>、結果だけお見せいたしますと、大変有望であるということが分かりました。

例（157）では、話し手は、レンヌのことについて述べている。「もしかしたら」という語を発する前に、「レンヌ市のことがパンフレットに載っている」と述べている。また、その発話後も、「一般的には、あんまり知られていない」と続き、レンヌ市のことについて述べている。また、「もしかしたらモンサンミッシェルに行く人たちの間では、（レンヌが）メジャーな都市だったのかもしれない」という文をここで入れられていることが見受けられる。

一方、例（158）では、話し手は自分の発表のことについて述べている。まず「結果は実験によって示さなければならない」と発表のことについて述べた。その後、「結果だけを見せると、大変有望だということが分かった」も自分の発表のことについて引き続き説明している。また、「ひょっとして発表の時間が切れるといけない」と自分がいる発表の時間のことを入れられていることが見受けられる。

例（154）から例（158）までの例をまとめると、次の特徴が見受けられる。

形式　A　推量を表す陳述副詞＋文＋が/けど（「q」）
　　　B　「q」が一つの文の中に挿入される
機能　話し手の推量の気持ちを挿入する

続いて、二つ目の機能を考察する。

(159) 愛知県の（Fお）、先（Fえー）、<u>愛知県の**多分**、先だと思うんですけど</u>。

例（159）では、話し手は愛知県の先にある伊良湖岬のことについて述べている。ここでも、「q」のみが現れている。しかも、「q」前に「愛知県の先」という「q」に似た語句があることが認められる。話し手は、その位置について、「（伊良湖岬は）愛知県の先」と述べた。その後、「（伊良湖岬は）多分、愛知県の先（にある）」を

第4章　推量を表す陳述副詞の統語的機能　・117・

使い、先行する文脈を修正していることが見受けられる。

　（160）今からでも（F ま）つらいことがある、**必ずあると思いますけど。**

　例（160）では、話し手は、闘病生活で、これからもつらいことがあるだろうということについて述べている。また、「q」の前に、「つらいことがある」という「q」に似た語句があることに注目したい。話し手は、まず、闘病生活で、今からでもつらいことがあると述べた。その後、「必ずあると思いますけれども」でこの先行する文脈を修正し、「先行する文脈を修正する」機能を有していると考えられる。

　（161）これは常滑焼きというやつです。（F えーと）太平洋側に多いタイプですね。これは常滑でも（F えー）ちょっと高級な（F えーと）（ F （? う）専用品に近い、**（F えー）ひょっとしたら、専用品かもしれない**。こういう宗教的意味合いの（F えー）常滑の三筋壺と言われてるものです。

　例（161）では、話し手は常滑焼のことについて述べている。ここでも、「q」のみ現れている。しかも、「q」前に「専用品に近い」という「q」に似た語句がある。話し手は、先に「この常滑焼きは専用品に近い」と、この常滑焼きは専用品に近いことを述べた。その後、「ひょっとしたら専用品かもしれない」というように、先行する文脈を修正している。
　例（159）から例（161）までの例をまとめると、次の特徴が見受けられる。

　　形式　「q」の前に「q」と同じ語句が先行する
　　機能　先行文脈を修正する

続いて、三つ目の機能を考察する。

（9）（再掲）その表現ていうのは、（Fま）手段として、たとえば、それは文章を書くことであったり、絵を描くことであったり、で、もしかしたら、パンを焼くことであったり、で、勿論お店に立って、ものを売ることであったり、で、例えば普通に話すことであったり、で、もしかしたら、（Fとー）ボランティアに参加することであったり、それは直接自分が何かを書いて見せるっていう表現じゃなくても、（Fとー）それは十分に（Fあの）自分の内面を表現できてるっていうことになると思います。

例（9）（再掲）では、話し手は、生きていくために、自分を表現する方法について述べている。ここでは、推量以外に次のような新しい機能があると考えられる。つまり、自分を表現する方法には、「文章を書くことであったり」、「絵を描くことであったり」、「店に立ってものを売ることであったり」、「普通に話すことであったり」のほかに、「もしかしたらパンを焼くことであったり」、「もしかしたらボランティアに参加することであったり」などたくさんの種類がある。「もしかしたらパンを焼くことであったり」、「もしかしたらボランティアに参加することであったり」というのも自分を表現する方法となっている。そのため、「もしかしたら、パンを焼くことであったり」、「もしかしたら、ボランティア活動に参加することであったり」という使い方は推量を表す機能以外に、先行する（もしくは後続する）文脈と類似したことを提示するために使われているわけである。更に「もしかしたら、パンを焼くことであったり」、「もしかしたら、ボランティア活動に参加することであったり」が挙げられる時、ほかの表現方法とは異なる。ほかの表現方法が定かな表現であるのに対して、この二つの方法は、推量の心的

態度を伴ったものであり、定かではない表現になる。従って、ほかの表現と比べると、副次的な事柄になると考えられる。ここでは、このような機能を「先行（もしくは後続文脈）と類似的でありながら、それより副次的な事柄を提供する」とする。

(162) で、リトルリーグっていうのは、（F あー）世界的な（F あー）規模（F お）組織でございまして、（F えー）アメリカが、中心（F ま）野球ですから、アメリカが中心ですが、（F え）アメリカが中心なんですが、（F えー）米国のゾーンとか、（F えー）（F う）、中南米のゾーンとか、オーストラリア、そいから、アジア地域では、（F ま）日本が（F ま）一番盛んかもしれませんが、韓国、フィリピン（F ま）<u>今は、**もしかすると**、中国も入ってるかもしれませんが</u>、こういう（F うー）世界的な組織です。

例(162)では、話し手はリトルリーグのことについて述べている。ここでも、リトルリーグの中に、日本、韓国、フィリピンなど国のほかに、「もしかすると、今は中国も入っているかもしれない」を使い、「日本」、「韓国」、「フィリピン」と類似的でありながら、それより副次的情報を提供していると考えられる。

(163) （CD-ROM に）そういう（F あのー）色んなもんが入ってまして、（F えっとー）多分、例えばメモリー（D へす）圧縮為の言語モデルの圧縮のプログラム、これは、オープン（D ソー）ソースも（F（？あの））オープンですけども、そういうものとか、<u>**あるいは**（F あのー）ひょっとして話者適用のプログラムも（F あのー）一部＜FV＞（D いれ）入れさしていただいております</u>。

例（163）では、話し手は、CD-ROM に入っているものについて述べている。この文では、「あるいは」と「ひょっとして」が同時に現れているから、この二つの語を同時に検討対象とする。まず、色んなものが入っていると CD-ROM のことを提示しておいた、次は、どんなものに入っているのかを説明している。CD-ROM には「圧縮のプログラム」など、「そういうものとか」のほかに、「あるいは、ひょっとして話者適用のプログラムも入れさしていただいております」は先行する文脈と類似したものを提示するために、使われているのだと考えられる。しかも、ここでは、「あるいは」、「ひょっとして」が話し手の不確かな心的態度を伴っているものであるがゆえに、提示されたほかの定かな事柄と比べると、副次的になると考えられる。

例（9）（再掲）から例（163）までの例をまとめると、次の特徴が見受けられる。

形式　A　文の最初に文の内容を総括する表現がある
　　　B　文の中に、「たり」、「とか」など並列を表す表現がある
　　　C　文の前後に、推量文と類似した表現がある
機能　先行（後続）文脈より副次的情報を提供する

4.3.2　グループ別における特徴

本節では、「『p』が言語化されていない場合1」と、「『p』が言語化されていない場合2」に二分し、「『p』が言語化されていない」場合の機能を分析した。

このうち、「『p』が言語化されていない場合2」では、推量を表す陳述副詞は、推量以外の何らかの機能を有していることが確認できた。具体的に「一つの文に話し手の推量の気持ちを挿入する機能」、「先行文脈を修正する機能」、「先行（後続）文脈より副次的事柄を提示する機能」がある。

次に、本研究の研究結果に基づき、「『p』が言語化されていない場合2」からグループ別における機能を見出すことができた[①]。

表4-7 『p』が言語化されていない場合2の機能上の相違

グループ	一文に推量の気持ち挿入	先行文脈修正	先行（後続）文脈より副次的事柄提示
確信	○	○	×
推測	○	○	×
不確定	○	○	○

「先行（後続）文脈より副次的事柄を提示する機能」は、不確定グループにしかない。

4.3.3 本節のまとめ

本節では、「p」と「q」との関連を軸に、「『p』が言語化されていない場合」の推量を表す陳述副詞の統語的機能を考察した。そのうえで、グループ別における特徴を考察した。考察をまとめると、次のようにまとめることができる。

更に、次のグループ別における特徴を見出すことができた。

「先行（後続）文脈より副次的事柄を提示する機能」は不確定グループにしかない。

[①] 本研究では、推定グループにおける「『p』が言語化されていない場合2」の例が出ていない。このことは、推定グループは（「どうも」と「どうやら」）は、単に、何らかの根拠を基に、認識内容を推量することが中心であり、推量以外の機能に関与しないことを示唆している。

表 4-8　「『p』が言語化されていない場合」の機能

種類	形式		機能
「p」が言語化されていない場合1	該当文は「q」だけとなっている		推量
「p」が言語化されていない場合2	①一つの文の中に、「q」が挿入される ②「q」＝陳述副詞＋文＋が/けど	推量	話し手の推量の気持ちを挿入する
	「q」の前に同じ文がある	推量	先行文脈を修正する
	①文の最初に文の内容を総括する表現がある ②文の中に、「たり」、「とか」など並列を表す表現がある ③文の前後に、「q」と類似した表現がある	推量	先行（後続）文脈より副次的事柄を提示する

4.4　本章のまとめ

本章では、手がかり「p」と認識内容「q」との関係に則って、「『p』が言語化された場合」と「『p』が言語化されていない場合」に分け、話し手は、推量する際に如何に陳述副詞を使って推量するのかを見ることができた。その上、各自のグループ別における特徴を指摘することができた。

まとめると、次の三点になる。

その一、「『p』が言語化されている場合」の機能をまとめ、そのうえ、それによるグループ別の特徴を指摘することができた。

①機能について

「p」が言語化された場合のうち、更に「pけど、陳述副詞q」、「pて、陳述副詞q」、「pと、陳述副詞q」、「pので、陳述副詞q」のように分けることができる。以上のパターンをもっと端的に言うと、次のようになる。

表4-9　「p」が言語化された場合の統語的機能

形式	機能・意味
pけど、陳述副詞q	推量対象（背景）を手がかりに、その推量対象（背景）を推量する
pて、陳述副詞q	推量対象（背景）を手がかりに、その推量対象（背景）を推量する
	推量対象を手がかりに、その継起する事柄を推量する
pと、陳述副詞q	推量条件を手がかりに、その動作が成立した場合のことを推量する
pので、陳述副詞q	推量根拠を手がかりに、その結果のことを推量する

　i「pけど、陳述副詞q」は、推量の対象（背景）をはっきりさせ、これを手がかりに、話し手はその推量対象（背景）のことについて推量を展開する。
　ii「pて、陳述副詞q」は、
　　A）推量の対象（背景）をはっきりさせ、これを手がかりに、話し手はその推量対象（背景）のことについて推量を展開

する、
B）推量の対象をはっきり提供させ、その対象が続いてどうなるのかその継起する事柄のことについて推量を展開する。
iii 「pと、陳述副詞q」は、推量の条件をはっきりさせ、その動作が実現した際のことについて推量を展開する。
iv 「pので、陳述副詞q」は、推量の根拠をはっきりさせ、その結果について推量を展開する。

なお、表4-9に関して、次の補足がある。

「推量対象を提供し、その推量対象を推量する」のところに、本研究では、「pけど、陳述副詞q」と「pて、陳述副詞q」の一つ目の機能で、提示しているが、本研究では、この二箇所の機能を同じ機能だと捉えている。両者は共に推量の対象を提示し、そのうえ、この対象について推量を展開するものであるため、置き換えることができる。次の例で説明したい。

（164）鷲沼プールっていうのがあるんですけれども、（F あの）（F う）あまり、（F あの）（F う）地元沿線住民とか、川崎市民には、**多分**有名だと思うんですけれども。
（165）鷲沼プールっていうのがあって、（F あの）（F う）あまり、（F あの）（F う）地元沿線住民とか、川崎市民には、**多分**有名だと思うんですけれども。

両者共に、まず「鷲沼プールがある」という情報をあらかじめ提示しておいて、そのうえ、「このプールは沿線住民、川崎住民の間で多分有名だ」ということを表すのに、質的な相違がなく、置き換えることができると考えられる。

②グループ別における特徴について

表 4-10　グループ間における機能上の相違

グループ	条件の種類	「p と、q」		話し手の強い心的態度を表す文末表現との共起関係
		「p と、q」における陳述副詞の位置		
		「p と、陳述副詞 q」	「陳述副詞 p と、q」	
確信	前項依存型優勢	あり	なし	共起する
推測	前項依存型優勢	あり	極少数	共起しない
推定	非前項依存型優勢	あり	極少数	共起しない
不確定	前項依存型優勢	あり	多数	共起しない

ⅰ 確信グループでは、「q」において「きっと」、「必ず」、「絶対」はいずれも話し手の強い心的態度を表す文末表現(「ましょう」、「てください」など)と共起することができる。

ⅱ 推定グループでは、「p と q」の機能において、条件の種類を軸に、「どうも」、「どうやら」は、いずれも、非前項依存型が優勢となっている。

ⅲ 不確定グループでは、「p と q」の機能において、陳述副詞が「p」にあるか、「q」にあるかを軸に、「もしかしたら」、「ひょっとしたら」は、ほかのグループと比べると、「陳述副詞 p と、q」という形式を圧倒的に多く持っており、「仮定表現を誘導する機能」を有している。

その二、「『p』が言語化されていない場合」の機能をまとめ、そのうえ、それによるグループ別の特徴を指摘することができた。

この種類を更に、「『p』が言語化されていない場合1」と、「『p』が言語化されていない場合2」に分けることができる。

更に、「『p』が言語化されていない場合2」という場合、推量の機能以外に、次のような機能を有している。

①一つの文に話し手の推量の気持ちを挿入する
②先行文脈を修正する
③先行（後続）文脈より副次的事柄を提示する

具体的には、次の表のようにまとめることができる。

表 4-11　「p」が言語化されていない場合 2」の機能

語用的な形式	機能
A　一つの文の中に、「q」が挿入される B　陳述副詞＋文＋が/けど（「q」）	一つの文に話し手の推量の気持ちを挿入する
「q」の前に同じ文がある	先行文脈を修正する
A　文の前にこれから述べる内容を総括する文がある B　先行（後続）の文脈と類似した事柄がある C　並列表現が多く現れる	先行（後続）文脈より副次的事柄を提示する機能

先行（後続）文脈より副次的事柄を提示する機能は不確定グループにしかない。

その三、どの語でも、「『p』が言語化されていない場合」の例は「『p』が言語化された場合」の例より圧倒的に多い。（表4-12を参照）

これは、会話において、話し手は聞き手とコミュニケーションする際に既に「p」が聞き手に伝えてあるので、話し手はあえて再びそれを取り上げることがないことに由来していると考えられる。

表4-12　各機能の例文数

グループ	陳述副詞	「p」が言語化された場合				「p」が言語化されていない場合	各例の総数
		けど型	て型	と型	ので型		
確信	きっと	11	16	51	47	307	432
	必ず	32	10	130	70	555	787
	絶対	16	14	95	63	468	654
推測	多分	57	23	143	74	1164	1461
	恐らく	23	9	37	30	350	449
推定	どうも	157	36	65	48	349	655
	どうやら	4	5	5	1	54	69
不確定	もしかしたら	10	17	38	25	204	294
	ひょっとしたら	5	5	11	8	53	82
	あるいは	4	1	4	1	10	20

以上のことは、いずれも推量の定義に立脚し、推量の手がかり「p」とその認識内容「q」との関係に基づいた統語的機能に帰すことができる。一方、話し手は、推量を表す陳述副詞を使用する際、話し手と聞き手との関係によって、より複雑な様相を呈している。第5章では、こうした「推量を表す陳述副詞の語用的機能」に入りたい。

第5章　推量を表す陳述副詞の語用的機能

本章では、推量を表す陳述副詞の語用的機能を検討していく。

5.1　はじめに

　第4章では、「p」と「q」の関係による推量を表す陳述副詞の統語的機能を考察した。これらの副詞は実際使用される際、何らかの語用的機能も有していると考えられる。本章では、語用的機能を中心に据え、推量を表す陳述副詞の語用的機能を考察していきたい。
　具体的には、次の三つの視点から、推量を表す陳述副詞の語用的機能にアプローチしていく。

　その一、「他者」と「自己」の関係における語用的機能

　適切な言語使用は、常に「人間関係」が関与している。当然のことながら、推量を表す陳述副詞の言語使用にも、「人間関係」が関与している。
　では、具体的に会話参加者である「他者」と「自己」の関係がどのように推量を表す陳述副詞の使用に関与するか、この点については、先行研究では、まだ明確にされていない。
　本研究では、「他者」と「自己」の関係が如何に推量を表す陳述

第5章 推量を表す陳述副詞の語用的機能

副詞の使用に影響を与えるのかという課題を明らかいにしたい。

その二、「文頭」と「文末」における語用的機能

会話で使用される推量を表す陳述副詞の形式は、(166)のように、＜文頭＞に現れたり、(167)のように、＜文中＞に現れたり、(168)のように、＜文末＞に現れたりと、統語上、比較的自由な位置での使用が観察される。

(166) **多分**、初めて聞いた方は口蓋という風に感じるかと思うんですね。
(167) 九月になって、(F えー)夏休みの後ですので、**ひょっとして**もうすっかり忘れちゃったんじゃないかなと思って
(168) (F あー) (F う) 今楽しいと思うんですけど、**絶対**。

文頭(166)と文末(168)は、文中の機能と異なり、文の最初と文の最後に位置しており、次に来る聞き手のターンに隣接しており、話し手と聞き手が互いに心的態度を示し合う場となるため、語用的機能ははっきりとした形で現れていると考えられる。

特に、文末に関しては、語用的機能はより複雑になると想定される。メイナード(2005:302)も「文末は、発話態度を示すモダリティ表現が重層的に使われる場面である。」と指摘をしている。

このように、推量を表す陳述副詞は文頭にも、文末にも使われていることに加え、文頭と文末は聞き手のターンに隣接しているために、語用的機能がより豊富になっている。

そこで、推量を表す陳述副詞はすべて文頭と文末に現れうるのか、日本人は、これらの言葉を使うとき、文頭と文末、どちらのほうをより多く使うのか、また、文頭と文末に使われるとき、具体的に如何なる機能があるのかといった課題は依然として残ったままである。

本研究では、アンケート調査により、文頭と文末に潜んでいる言

語使用意識を明らかにし、語用的機能の振る舞いを考察する。

その三、不確定な気持ちを表す定型句の語用的機能

推量を表す陳述副詞は、話し手の不確かな気持ちを表すことを主要な役割としている。しかし、これらの副詞は、実際使用される際に、(169) の「ちょっと記憶にないけど」、(170) の「これから世の中がどうなっていくか分かんないんですけれども」と (171) の「メーカーはちょっとまだわかんないですけど」のような話し手の不確定な気持ちを表す語句と一緒に連動して使われる例がたくさんある。これらの語句に一定の共通性があるので、推量を表す陳述副詞の語用的機能を研究する際には、これらの語句の使用を見逃してはいけないと思われる。

本研究では、このような不確かな気持ちを表す定型句の使用実態も研究の射程に収め、5.4 節でその使用実態を具体的に見てみたい。

(169) <u>ちょっと記憶にないけど</u>、**多分**その日は火曜日だったんで。

(170) （F ま）<u>これから世の中がどうなっていくか分かんないんですけれども</u>、**絶対に**それだけ見失わないで、（F あの）変な劣等感とか持たないで。

(171) （F ま）<u>メーカーはちょっとまだわからないんですけど</u>、（F その一）**きっと**あそこに行けば、色々たくさん、色んなノートがあるでしょうから。

以上の三つの課題を解決するために、本章では、以下のように、論述を進めたい。まず、5.2 節で、他者と自己の関係における語用的機能を見る。続いて、5.3 節で、文頭と文末における語用的機能を見る。それから、5.4 節で、不確定な気持ちを表す定型句の語用的機能を見る。最後に、5.5 節で、本章のまとめに入る。

5.2　他者と自己の関係における語用的機能

本節では、「他者」と「自己」との関係がどのように推量を表す陳述副詞の使用に影響を与えるのかを明らかにしたい①。

以下では、「他者配慮の語用的機能」と「自己防衛の語用的機能」の二種類に分け、その機能を見る。そのうえ、両機能間の語用的機能の流動（「他者配慮の語用的機能」から「自己防衛の語用的機能」への流動、もしくは、「自己防衛の語用的機能」から「他者配慮の語用的機能」への流動）を見る。

5.2.1　他者配慮の語用的機能

本研究では、「他者配慮の語用的機能」とは、話し手は、聞き手との良好な関係を維持するため、聞き手の意見に賛同し、聞き手の立場に気を配って表現する語用的機能のことを指す。

まず次の例を参照する。

(172) 【JSM02 は JTM01 とポーランド語の表記について会話している。二人は師弟関係、JSM02 は学生で、JTM01 は教師である】

　1　JTM01　<u>インフォーマント使ってもいいけど</u>(はい)、もっといろんなことが考えられると思う。
　2　JTM01　じゃ、宿題にしようかな、それは。
　3　JSM02　うん、うーん、なんだろう、うーん。
　4　JTM01　であのそういうのを入れることによって(はい)、ま、あのー、<u>多次元的になると思うんだけど</u>。

---

①　本節では、他者と自己の関係を考察する際、話者の属性や対話相手との関係などの社会的要因が大いに関与していると考え、話者の属性が反映される BTSJ コーパスを使用した。

5	JTM01	ただあの、これは僕の考え方だよ。
6	JTM01	僕の、あのー、ところで卒論書くっということだと（はい）、そういう、あのー、<u>##を高く評価することであって</u>（はい）、まあ、他の人がどう評価するか分からないんだけどね。
7	JSM02	はい。
8	JSM02	ただ、データがあるというのは誰に見せても<強いと思うんで…>{<},,
9	JTM01	<はいはい、うん>{>}。
10	JSM02	**絶対**損はないですからね。

　ここで、先生であるJTM01は、ターン1、4、6で学生が論文を書くとき、インフォーマントを使うことの良さを説明している。（点線表示①）。

　ここで、学生の反応に注目したい。まず、学生は、ターン3で、「うん、うーん、なんだろう、うーん」を使い、インフォーマント法を使うことにまだ抵抗感を感じている。しかし、教師からの再三の説明を受けた後、学生は、まずターン8で、データがある方が誰に見せても強いと、教師の意見を受け入れはじめた。更にターン10で、「絶対」を使い、「（先生から勧められたインフォーメントを使うと）、損はないですからね」と自分の意見を変え、先生の意見に賛成するようになった。つまり、ターン10では、学生は「絶対損はないですからね」という文を発し、今まで抵抗感を感じていた教師の意見を受け入れ、教師の意見に賛成することになったわけである。そうすることで、教師の意見が正しいことを認め、教師への配慮を示したわけである。

　もう一例を参照する。

---

① 本研究では、会話分析する際、ポイントとなる部分を「____」で示している。

第5章 推量を表す陳述副詞の語用的機能 ・133・

(173)【IF21 は IF22 と学校で起こったある事件のことについて会話している。二人は親しい友人関係】

1　IF21　でもさ、あの時にも思ったけどー（うん）、メンバーにさ、「大学名4」の人とかもさー、<いるのにさー>{<},,
2　IF22　<そう>{>}、「大学名5」大とかもいるよねー。
3　IF21　いるのにー、やっぱり、なんか、（ねえ）一番叩かれやすい、<っていうか>{<}。
4　IF22　<「大学名1」>{>}「大学名2」<とかねー>{<}<笑いながら>。
5　IF21　<そうそうそう>{>}。
6　IF21　<なんか「大学名4」とかさー>{<},,
7　IF22　<絶対①探せばね>{>}、「大学名6」大とかいたと<思うよ>{<}<笑いながら>。
8　IF21　<いるんだよね>{>}、**絶対**にね。
9　IF21　《少し間》どうもねー、なんか、ま、しょうがないんだけどさ（ねー）、なんか叩かれてなんぼみたいな,,

　例(173)では、二人は、学校で起こったある事件について会話している。IF22 は、ターン2、4で、その現場に「大学名1」、「大学生2」の学生がいたと述べている。IF21 は、ターン3と5で、IF22 のこの意見に同意している。

　また、IF22 はターン7で、「大学名6」の学生もいたという新たな見解を示している。それに対して、IF21 は、ターン8で、IF22 の意見に、「絶対」を使い、「いるんだよね」という形で、賛成して

---

① この例では、「絶対」は、二個出ているが、1つ目の「絶対」は、聞き手への配慮を検討するとの主旨から外れているため、対象外にする。また、ターン9における「どうも」は、同様の理由により、対象外にする。

いる。すなわち、IF21 は「いるんだよね、絶対」という文を発し、IF22 の意見に賛成し、IF22 の考えが正しいということを認め、そうすることで、聞き手への配慮を示したわけである。

このように、本節では、話し手が聞き手の意見に賛同することを通して、聞き手の意見を考慮するという機能を使い、「他者配慮」という立場を取っている。上述の例は、いずれも話し手は聞き手とコミュニケーションをしているうちに、確信を表す陳述副詞を使い、聞き手の意見に賛同し、それで、聞き手への配慮を感じたわけである。

5.2.2 自己防衛の語用的機能

本研究では、「自己防衛の語用的機能」とは、話し手は、聞き手との良好な関係を維持するため、自分のことを確かではないことにした上で、自己を守る語用的機能のことを指す。更に、筆者の考察では、話し手は「縦」①の関係（権力の有無、地位の高低など）のあり方によっては、自己防衛機能が異なる様相を呈しているのである。即ち、「『縦』の関係が関与する場合」、「『縦』の関係が関与しない場合」とでは、自己防衛のあり方が異なってくる。

以上の説明を踏まえ、本節では、聞き手からパワーを感じるか感じないかを基準に、「聞き手からパワーを感じない場合」、「聞き手からパワーを感じる場合」に分け、論述を進める。

I　聞き手からパワーを感じない場合

まず、次の例を参照する。

(174)【UF03 と UF04 は、初対面で会った。UF03 は仕事のことについて UF04 に聞いている。】

---

① 筆者の考察では、「横」の関係（親密関係）が自己防衛に関与していないと思われる。

第5章 推量を表す陳述副詞の語用的機能 ・135・

1 UF03 あ、じゃお仕事も、英語か、ベトナム語が使うんですか?。
2 UF04 いや、まだ配属されないと分からないん<ですけど>{<},,
3 UF03 <あ、そう>{>}か。
4 UF04 **たぶん**、海外営業だと思うんですよね。

例(174)では、UF03は、ターン1で、UF04に仕事で英語かベトナム語を使うかどうかを尋ねている。UF04は、それについて、まだわからないと、ターン2で答えている。そして、ターン4で、「たぶん」を使い、海外営業に就くことについて推量している。ここでは、話し手は、「海外営業に就く」ということに対し、十分な自信を示すことができないため、「たぶん」を使っていると思われる。ここでは、もしUF03は、「たぶん」を使わずに、はっきりと「海外営業だ」を使うとすると、(つまり、不確かなことを確かな事柄のようにとらえると)、聞き手から、自分のことをマイナス評価される恐れがあるため、「たぶん」を使い、自己のことを防衛したと考えられる。

次の「恐らく」の例もこの種類の機能に該当すると思われる。

(175)【JTM01はJSF01に論文の投稿時間を指導している。JTM01は教師で、JSF01は学生である】

1 JTM01 僕はあのー、えと、2つの意味から投稿する##と思いますけど=。
2 JTM01 =####をもらったからということ、あともう1つはあの3年後のためということですよね。
3 JTM01 博士論文のために、あの、えとー、レフリー付きの

　　　　　　　　　学術雑誌に論文がたて、2つか3つもあるべきこと
　　　　　　　　　というのは条件になりますから=。
　　4　JTM01　=で、1つは、ま、あの、ま、本人のためですよね。
　　5　JSF01　そうですね、はい。
　　6　JTM01　そのためには、今、あの投稿しておくしかないわけ
　　　　　　　　　ですよね(はー)、これから先、いまチャンス逃す
　　　　　　　　　と**おそらく**論文を書く時間がない。
　　7　JSF01　ですね[小さい声で]。

　ここでは、JTM01は、ターン1、2、3、4で論文投稿のことをJSF01に説明した後、ターン6で、「恐らく」を使い、「今チャンスを逃すと、論文を書く時間がない」という見解を示している。ここでも、「チャンスを逃す」ことと、「学生が論文を書く時間がない」との関係に十分な自信がないため、「恐らく」を使ったと思われる。より端的に言えば、ここで、根拠なしにこの確かではない事柄を確かな事柄のように言ってしまえば、聞き手に自分のことを悪く思われかねないという自己防衛の心理があるので、「恐らく」を使ったと思われる。

　更に、例（176）の「どうも」と例（177）の「ひょっとしたら」も同様のことが考えられる。例（176）では、IF11は「数えたら、休みが無い」ということに対して十分な自信が示せない、一方、例（177）では、IF16は、「山口県もすごい（洪水に見舞われた）」ということに対して、十分な自信がないため、それぞれ、「どうも」と「ひょっとしたら」を使ったと思われる。この二つの例は、いずれも聞き手に自分のことを悪く思われないように、自己を防衛するために使ったと思われる。

　　（176）【IF11はIF12と安いのことについて会話している。二人
　　　　　　　は親しい友人関係】

第 5 章　推量を表す陳述副詞の語用的機能・137・

1　IF11　なんだ、9 月からしっかり「学校名 1」はじまるからさー。
2　IF12　あそっかー。
3　IF11　うん。
4　IF12　それは 9 月なんだ。
5　IF11　でも、9 月の、最初の木曜日からで、で、**どうも**、数えてみたら休みがないの。

(177)【IF15 は IF16 と福岡の洪水のことについて会話している。二人は親しい友人関係】

1　IF15　なんか福岡のほうとかも、すごい…。
2　IF16　もうなんか、人、死んじゃってるもんね。
3　IF15　うーん。
4　IF16　うーん。
5　IF15　もう,,
6　IF16　<洪水だよ、洪水>{<}。
7　IF15　<こっちではちょっと>{>}考えられないけど…。
8　IF16　ねえ、全然なんか、雨はそんなに<降ってない>{<}。
9　IF15　<そう、雨は>{>}そんなー,,
10　IF16　ちょっと曇ってるけど。
11　IF15　そんな、土砂降りとかはないじゃない。
12　IF16　あ、うんうんうん。
13　IF15　なんか、心配だね。
14　IF16　そっか、山口もすごい<**ひょっとしたら**…>{<}。
15　IF15　<**どうなんだろ**>{>}。

　上述の例は、いずれも、話し手が聞き手からパワーを感じない場合の例であり、話し手は、不確かな事柄を確かな事柄のように言ってしまえば、聞き手に自分のことを悪く思われる恐れがあるため、推量を表す陳述副詞を使い、自分のことを不確かな事柄に自己を防

衛しようとする。一方、話し手が聞き手からパワーを感じる場合の例もある。

Ⅱ　聞き手からパワーを感じた場合①

　更に、話し手は、聞き手からパワーを感じたときも、自己を防衛する例がある。次の二例を見たい。

(178)　【JTM01 は、JSM02 にグラフを分析したかどうかについて聞いている、二人は師弟関係で、JTM01 は教師で、JSM02 は学生である】
1　JTM01　=で、その後の、あの、考察は、これに書いてあるの、わけ、かな??、<自分の考察結果は>{<}。
2　JSM02　<んー>{>}、や。
3　JTM01　グラ、あの(はい)、も、もう一度、研究の手順としてね(はい)、あの調査したら、あのちゃんとあのー、えと、ぐ、あの、いろんな手順を重ね、そ、グラフにしなさいといったわけだけど(はい)、でグラフにするまではやった(はい)、<u>でその先は当然あのグラフを考察するという作業あるんだけど</u>=。
4　JSM02　=そうですね。
5　JTM01　<u>その考察の部分がどうなのか</u>。
6　JSM02　はい、それはまだ、やってないんですけど。
7　JTM01　あ、そう。
8　JTM01　あの、それをやってもらうためにグラフ化して<もらったとこなんだけど>{<}。

---

①　推定グループと不確定グループに関しては、本研究の研究範囲では、ⅱ の語用的機能を発見することには至らなかった。だが、推定グループと不確定グループは推測グループと同様に、自分の考えを弱めるから、この延長線に入ることができると想定される。

第 5 章　推量を表す陳述副詞の語用的機能　・139・

9　JSM02　<はい>{>}、はい。
10　JTM01　はい。
11　JSM02　はい、それ、そうですね。
12　JTM01　はい。
13　JSM02　んー、ま、そうですね。
14　JTM01　で、書き込みあるからには、一応考察はしたわけでしょう?。
15　JSM02　そうですね、ま、や、これは、あの、なんというんですか??、例えばバンドだったらー、そのー、**たぶん**、こんなに、なんというんですか、ベルトの意味での(ん)バンドだとしたら、こんなに認知率高いはずはないと思うんですけど、**たぶん**ロックバンドとかのバンドというふうに。
16　JTM01　あー、そうか、調整がまずかったんだった。

　例（178）では、教師は、学生にグラフの分析について質問している。教師は、ターン 3、5、8、14、「学生はグラフを作ったからには、当然その先にグラフについて分析したはずだ」と思い込んでおり、しかもそうであると期待している（点線表示）。
　しかし、学生は、教師から期待されていたグラフ分析作業はまだしていない。まず、ターン 6 では、教師に考察をしていないことを伝えた。次に、教師からの質問に、学生はターン 9、11、13 では、ただ頷いただけで、ほかに何も言及していなかった。
　更に、ターン 14 の教師から四回目の「なぜ考察していないのか」との質問に、学生はターン 15 でその緊張感を更に増強させ、「なんと言うんですか」を二回連呼したことからもそれが分かる。しかも、ここでは、「たぶん」を二回使っている。一回目の「たぶん」の前後に、「そのー」、「なんと言うんですか」があり、二回目の「たぶん」の前に「こんなに認知率高いはずはないと思うんですけど」といずれも発話内容を和らげるための言い淀み表現が付け加えられている。

このような教師からの再三の質問を受け、圧力を感じる文脈では、「たぶん」に、推量の機能を依然として持ってはいるが、教師からのなぜ考察をやっていないのかとの圧力を受け、話し手は、教師に対して、「たぶん」を使い、自分の判断を不確かなものにし、そうすることによって教師からの圧力を解消し、教師に自分のことをよく思ってもらえるようにしたいという機能が付与されたと思われる。もし、自分のことを確かなものにすれば、教師との間で新たな衝突が生じることになろう。そうしないためにも、自己を防衛したわけである。

もう一例を参照したい。

(179)【JTM04 は JSF04 と論文で使う資料のことについて会話している。二人は師弟関係、JSF04 は学生で、JTM04 は教師である】

1　JSF04　で、現在も、けっ、充実した資料があるんですよ。
2　JTM04　このあいだ見た厚いカタログね、僕はあんなに厚いのだとは思わなかったよ。
3　JTM04　あれは展覧会のカタログですよね？？。
4　JSF04　あれは展覧会のカタログで、えと、資料としては,,
5　JTM04　他にもある。
6　JSF04　別に(おー)あって、展覧会のほう、**多分**、抜粋になってる(ん)と思うんですが、あの、きちんとしたものがありまして、で年譜だけで、えと、A3、27 枚ぶんぐらい(ほー)になる、ような。
7　JTM04　ということは、「JSF04 姓」さん以外にも、そういう、彼に興味をもって、根掘り葉掘り調べようという人がいたしいるということですね？？=。
8　JSF04　=あ、そうですね、はい。

9	JTM04	あ、はい。
10	JTM04	それはもう、相当調べられてるから、やることはあまりないんですか？
11	JSF04	そう…｡｡

　例（179）では、教師は学生の資料が不十分であることを指摘している。教師は、ターン2、3、5で、学生から提示された論文のための展示会のカタログを厚いとは思っていない。さらに、資料としてほかにもあると指摘した。つまり、学生からもらったカタログの資料の価値を下げたわけである（点線表示）。

　これに対し、学生は、ターン1では、カタログの資料が充実していると強調していたが、この教師の意見を受けた後、ターン6には「それは多分抜粋になっている」というように、「多分」を使い、自分の資料の価値を下げたのである。このほか、同じターン6で、「きちんとした資料がたくさんあり」と先生の意見に賛成している。

　つまり、教師からの指摘を受けた話し手は、教師から自分のことをよく思ってもらえるように、自分の資料の価値を下げ、そうすることで相手からの指摘の圧力を解消しようとしたと考えられる。

　上述の例は、いずれも、話し手は聞き手からパワーを感じた場合の例である。話し手は聞き手からパワーを感じたとき、自分の意見を確実でないものにすることによって、聞き手からのパワーを解消し、聞き手に自分のことをよく思ってもらおうと自己を防衛しようとする。

　本節では、自己を防衛する機能を「自己防衛機能」とする立場を取っている。上述の例のいずれも、話し手は聞き手とコミュニケーションをしているうちに、推測、推定、不確定を表す陳述副詞を使い、聞き手に対して自分のことをよく思ってもらえるよう自分のことを確かではないものにし、自分のことを防衛しようとしたものなのである。

5.2.3　両者間の語用的機能の流動

　以上では、話し手は、推量を表す陳述副詞を使い、聞き手とコミュニケーションをしているときに、「他者配慮の語用的機能」と「自己防衛の語用的機能」の例を検討した。だが、実際の会話には、話し手は「他者配慮」のみ、あるいは「自己防衛」のみ考慮するとは限らない。両者の機能を同時に考慮するケースもある。つまり、会話に語用的機能の流動があるわけである。本節では、このような語用的機能の流動の例を扱う。

　まず、次の例を参照する。

(36)　（再掲）【RとLはコーパスにおける会話参加者である。RはICUという大学で勉強しており、イギリスに留学した経験もある。将来教師になろうとしている。二人はこのことについて会話している。】

1　R：(Fまー)多分元々教えること好きだったのかもしれません。
2　L：(Fうーん)
3　L：(Fうーん)
4　R：(Fうーん)
5　L：教えんの向いてそう
6　L：ですね。
7　R：(Fあ)そうですか。
8　L：(Fあー)(Fうーん)きっと多分
9　R：＜笑＞
10　L：生徒が付いてくるタイプだと思う。

　例(36)（再掲）では、Rは、ターン1では、「多分元々教えること（が）好きだったかもしれません」と、自分が教えることに意欲があることを示している。この話を聞き、Lは、ターン5、6で、「教えることに向いていそうだ」とRのこの意見に同調している。

更に、ターン8、10では、続けてRの意見に賛成し続けている。また、ターン8には、「きっと」と「多分」が併用されたことが認められる。二つの陳述副詞が併用されているから、語用的機能の流動が存在していると思われる。初めに、「きっと、生徒が付いてくるタイプだ」とRの意見に賛成し、Rの意見への配慮を示している。次に、「多分、生徒が付いてくるタイプだ」と、十分な証拠を示さずに、不確かな事柄を確かな事柄を言ってはいけないがゆえに、L自分への防衛も感じられる。すなわち、話し手は、「きっと」をもって、他者への配慮を示した後、即座に、「多分」をもって、自己への防衛を示している。つまり、他者配慮機能から、自己防衛機能へというように、語用的機能が流動的になっているのである。

また、次の例からも同じことが言える。

(173) （再掲）【IF21はIF22と学校で起こったある事件のことについて会話している。二人は親しい友人関係】

1　IF21　でもさ、あの時にも思ったけどー(うん)、メンバーにさ、「大学名4」の人とかもさー、＜いるのにさー＞{<}„

2　IF22　＜そう＞{>}、「大学名5」大とかもいるよねー。

3　IF21　いるのにー、やっぱり、なんか、(ねえ)一番叩かれやすい、＜っていうか＞{<}。

4　IF22　＜「大学名1」＞{>}「大学名2」＜とかねー＞{<}＜笑いながら＞。

5　IF21　＜そうそうそう＞{>}。

6　IF21　＜なんか「大学名4」とかさー＞{<}„

7　IF22　＜絶対①探せばね＞{>}、「大学名6」大とかいたと＜思うよ＞{<}＜笑いながら＞。

8　IF21　＜いるんだよね＞{>}、**絶対**にね。

9　IF21　《少し間》どうもねー、なんか、ま、しょうがないん

---

① 前注で示しているように、この「絶対」は対象外にする。

　　　　　だけどさ(ねー)、なんか叩かれてなんぼみたいな,,

　例（173）で説明したとおりに、IF21 は、「絶対に」を使い、IF22 に配慮を行っている。だが、それを述べた後、IF21 は、すぐに、同じ事柄（大学名６の学生がいたこと）に対して、「どうも」を使っている。ここでは、IF21 は、なぜ「どうも」を使ったというと、それは後続する事柄に対しては十分な証拠を示せないからにほかならない。従って、ここでは、自己への防衛機能があるわけである。つまり、ここでは、「他者への配慮」から「自己への防衛」というように、語用的機能の流動があるわけである。

　例（36）（再掲）から（173）（再掲）のことを次のようにまとめることができる。

語用的機能の流動	他者配慮→自己防衛
陳述副詞	確信グループ→推測、推定、不確定グループ

　また、逆の場合の「自己防衛」から「他者配慮」への語用的流動も例もある。

（180）【UF05 は UF06 がなぜ「言語１」を勉強しはじめたかについて尋ねている。二人は初対面関係】

1　UF05　あー、「言語名１」…？？。
2　UF06　近い。
3　UF05　近い、から。
4　UF06　うーん。
5　UF06　あ、動機ですか？。
6　UF05　動機…。
7　UF06　動機は、何だったけな、あーなんか、ニュースとかで、なんかそ、「国名１」のことがニュースしてて、後ろに、たとえば、垂れ幕じゃないけど、看板とか<出てきて>{<},,
8　UF05　<あ>{>}、はい。

9　UF06　「何だあの文字は」、とか思って„
10　UF05　あー、それで…。
11　UF06　「あれ読めたらちょっと、楽しそうかも」と思って。
12　UF05　〈笑い〉。
13　UF06　うん。
14　UF05　最近あれですよね、最近っていうか、けっこう前から、あのチョナンカンとか出て〈笑い〉。
15　UF06　そう〈ですよねー〉{<}。
16　UF05　〈そうですよね〉{>}。
17　UF06　**多分**、ワールドカップでそれなりに**きっと**…。
18　UF05　あー。
19　UF06　アンジョンファン。
20　UF05　うーん。

　UF05は、ターン1でUF06に、今勉強している言語を確かめている。UF06は、ターン7、9、11で、自分が勉強する言語に決めた動機について述べている。この話を受け、UF05は、ターン14で、UF06の動機を更に発展させ、「最近あれですよね、チョナンカン①（バラエティー番組）とか出て」と、チョナンカンとかが出て、その番組にはハングル文字がたくさん出ているから、それを読めたら、面白いのではと、UF06の動機について更に発展させている。この話を受け、UF06は、ターン15で「そうですよね」を使い、UF05のこの話に同意を示している。更に、ターン17で、「ワールドカップでそれなりにきっと（チョナンカンのようないろんな韓国語に関するものが出てくる）」と、UF05のターン14の話に賛成をしている。すなわち、UF05への配慮を示しているわけなのである。一方、こ

---

　①『チョナン・カン』は、2001年4月13日から2010年3月20日までフジテレビ系列で放送されたバラエティ番組。なお、2004年4月16日から番組名は『チョナン・カン2』で放送された。「チョナン・カン」とは草彅剛の韓国関連での芸名で、同番組は草彅の冠番組である（https://ja.wikipedia.org/wiki/%E3%83%81%E3%83%A7%E3%83%8A%E3%83%B3%E3%83%BB%E3%82%AB%E3%83%B3 より）。

の話については、十分な自信を示せないので、文頭に「多分」を使い、自己防衛を行っていると感じられる。

例（180）から次のようにまとめることができる。

語用的機能の流動	自己防衛→他者配慮
陳述副詞	推測、推定、不確定グループ→確信グループ

このように、語用的機能の流動は、一つ以上の推量を表す陳述副詞が会話に併用される場合に観察された。即ち、話し手は会話に、一つ以上の推量を表す陳述副詞を使う場合に語用的機能の流動を伴うわけである。

ここで、筆者は、「推量を表す陳述副詞が併用される場合」を調査対象に統計した。その結果は次のように示すことができる。

表 5-1　推量を表す陳述副詞が併用される場合の例数

	きっと	絶対	必ず	多分	恐らく	どうも	どうやら	もしかしたら	ひょっとしたら	あるいは	総数
きっと	0	1	0	2	0	0	0	3	1	0	7
絶対	0	0	0	1	0	0	0	0	0	0	1
必ず	0	0	0	0	0	0	0	0	0	0	0
多分	1	0	0	5	2	0	0	0	0	0	8
恐らく	0	0	0	2	1	0	0	0	0	0	3
どうも	0	0	0	1	0	1	0	0	0	0	2
どうやら	0	0	0	0	0	0	0	0	0	0	0
もしかしたら	0	0	0	0	0	0	0	0	0	0	0
ひょっとしたら	0	0	0	0	0	0	0	0	0	0	0
あるいは	0	0	0	0	0	0	0	1	0	0	0

第 5 章　推量を表す陳述副詞の語用的機能　・147・

　しかし、推量を表す陳述副詞が併用される場合、必ずしも、語用的機能の流動があるわけではない。次の二つの条件を満たさなければならない。

　①対話である必要がある。独話には、聞き手がいないので、聞き手への配慮がないわけである。例（181）のように、会話の中に、推量を表す陳述副詞が併用されてはいるが、話し手の一方的な独話なので、聞き手への配慮が感じられない。

　（181）【L は講演の発表者であり、環境問題について述べている】
　　1　L：＜FV＞ただ
　　2　L：ああいう風に、狂牛病とか
　　3　L：今度の（D ん）みたいに、炭疽菌とかって言って、ちょっとしたことが出てくると、それが、こうわっと、（？伸び）ますけど、**きっと、もしかしたら**、何も
　　4　L：今現在ここにいること空気さえも汚れてるんじゃ ないかと思って

　②対話の中では、話し手が話す内容は必ず聞き手に関係がある必要がある。例（182）のように、会話の中に、推量を表す陳述副詞が併用されてはいるが、話し手が話す内容は話し手自身の判断にあるので、聞き手への配慮が感じられない。

　（182）【JTM07 は、JSM01 に、ポーランド語の表記について指導している。JTM07 は教師で、JSM01 学生である】

　　1　JSM01　あれ、やっぱり、そのー、この例でも "klubfitnes" というのは、一番ポーランド語、に、浸透したかたちないじゃないかなと思うんですけど。

2　JTM07　<浸透した>{<},,
3　JSM01　<あの、浸透…>{>}。
4　JTM07　というか、浸透しやすい。
5　JSM01　はい、<浸透しやすいですね、はい>{<}。
6　JTM07　<笑い>{>}。
7　JSM01　その、ポーランド語らしいかたち(ん)だと思うんですけど。
8　JTM07　そうですね。
9　JSM01　《沈黙10秒》おそらくネイテイブの人の感覚では、きっと、フィットネス・クラブが1語か2語かというのは、あまりそのポーランド人にとっては重要じゃない(ん)と思うんですよね。

5.2.4　本節のまとめ

　本節では、「他者配慮機能」と「自己防衛機能」に着目し、話し手と聞き手との関係が如何に推量を表す陳述副詞の使用に影響を与えるということを検討したうえで、機能間の流動も検討した。まとめると、次のような結論が得られた。

その一、他者配慮機能

A）解釈
　話し手は聞き手との良好な人間関係を維持するため、聞き手の意見に賛成することによって、聞き手の意見を認め、聞き手に気を配る。
B）使用範囲
　確信グループ（「きっと」、「必ず」、「絶対」）

その二、自己防衛機能

A）解釈
　話し手は聞き手と良好な人間関係を維持するため、相手によく思ってもらえるように、自分のことを不確かなものにすることによって、自分のことを守る。
B）使用範囲
　推測グループ（「多分」、「恐らく」）
　推定グループ（「どうも」、「どうやら」）
　不確定グループ（「もしかしたら」、「ひょっとしたら」、「あるいは」）

その三、語用的機能の流動

　話し手が推量を表す陳述副詞を併用する時、語用的機能の流動現象が観察される。具体的には次の二通りの流動現象がある。

A）他者配慮→自己防衛
　確信グループ→推定グループ、推測グループ、不確定グループ
B）自己防衛→他者配慮
　推定グループ、推測グループ、不確定グループ→確信グループ

　ただし、語用的機能の流動現象は次の二通りの条件を満たす必要がある。

A）話し手と聞き手が同時に存在する場で現れる。
B）話し手が話す内容は聞き手に直接作用する。

5.3　文頭と文末における語用的機能

　本節では、アンケート調査をもって、推量を表す陳述副詞の文頭と文末における語用的機能を見ていきたい。

(36) (再掲)【RとLはコーパスにおける会話参加者である。RはICUという大学で勉強しており、イギリスに留学した経験もある。将来教師になろうとしている。二人はこのことについて話している。】

R:(Fまー)多分元々教えること好きだったのかもしれません。
L:(Fうーん)
L:(Fうーん)
R:(Fうーん)
L:教えんの向いてそう
L:ですね。
R:(Fあ)そうですか。
L:(Fあー)(Fうーん)**きっと多分**[①]
R:＜笑＞
L:生徒が付いてくるタイプだと思う。

例(36)(再掲)では、「きっと多分生徒が付いてくるタイプだと思う」において、「きっと」は、文頭に現れている。次は、推量を表す陳述副詞が文末に使われる例を参照する。

(37) (再掲)【RとLはコーパスにおける会話参加者である。Rは五人家族の家庭で生まれた。Rの家庭では、R自身を含めて女の子が三人いる。男性は父親しかいない。このような家庭で生まれたRは喋ることが好きだ】

---

① 例(36)(再掲)では、「きっと」を研究対象にし、「多分」を研究対象にしない。

R：そう、そう、基本的にこうお喋りをするのが好きというのは、ある、あるかもしれない。
L：(F うーん)なるほどね、兄弟仲良くじゃ。
R：(F うーん)(F うん)
R：そうですね。
L：(F ふーん)
R：(F うーん)
R：(F あのー)人に話を
R：聞いてもらうのも好きなのかも、**もしかすると**。
L：(F あー)そうかな。
R：(F うーん)喋るのが好きっていうことに加えて。

例（37）（再掲）では、「人に話を聞いてもらうのも好きなのかも、**もしかすると**。」において、「もしかすると」は、文末に現れている。

以上の二例は、文頭と文末に使われており、話し手自身のターンにある文中の機能と比べ、語用的機能がより顕著に現れていると思われる。

そこで、推量を表す陳述副詞はすべて文頭と文末に現れうるのか、文頭と文末のどちらのほうがより多く使われるのか、更に、文頭と文末に使われる際の機能は具体的にどのようなものだろうか、このような文頭と文末における語用的機能を引き出すため、筆者は、日本人ネイティブ40人を対象に、アンケート調査法を導入し、日本人ネイティブの語感を確かめることにより、この課題を解決する。アンケートの詳細は5.3.2節で見ることにする。

5.3.1 文頭と文末の定義

第2章では、大石（1954:39）を踏まえ、「文頭」と「文末」を次のように、規定していた。

文頭:文の頭に置かれているもの
文末:文の最後に置かれているもの

具体例は（36）（再掲）（文頭）と（37）（再掲）（文末）を参照されたい。

また、考察に入る前に、まず表 3-26 を踏まえたうえ、本研究における各語の文頭と文末の出現する数とその割合を把握しておく。

表 5-2　各語における文頭、文末の出現数と占める割合

グループ	陳述副詞	文頭		文末	
		出現数	割合	出現数	割合
確信	きっと	105	24.3%	22	5.1%
	必ず	96	12.2%	1	0.1%
	絶対	59	9.0%	1	0.1%
推測	多分	399	27.3%	3	0.2%
	恐らく	67	14.9%	0	0%
推定	どうも	33	5.0%	0	0%
	どうやら	17	24.6%	0	0%
不確定	もしかしたら	54	18.4%	0	0%
	ひょっとしたら	19	23.1%	0	0%
	あるいは	7	35%	0	0%

この表を見ると、文頭においては、割合の多寡にかかわらず、すべての語が現れているが、文末においては、「きっと」、「必ず」、「絶対」、「多分」以外に、現れていないことが分かる。

5.3.2　アンケート調査の概要

表 5-1 の文頭、文末の出現数を踏まえ、本研究では、次の手順に沿って、アンケート調査を実施した。まずコーパスから、確信グルー

プ、推測グループ、推定グループ、不確定グループのすべての語を無作為に一例ずつ抽出し、トータルで10組の会話を抽出した。それから2019年5月から8月まで日本語母語話者40人を対象に、例(183)のようなアンケート調査を実施した。

(183)【RとLはコーパスにおける会話参加者である。RはICUという大学で勉強しており、イギリスに留学した経験もある。将来教師になろうとしている。二人はこのことを喋っている】

R:(Fまー)多分元々教えること好きだったのかもしれません。
L:(Fうーん)
L:(Fうーん)
R:(Fうーん)
L:教えんの向いてそう
L:ですね。
R:(Fあ)そうですか。
L:(Fあー)(Fうーん)**きっと多分**
R:＜笑＞
L:生徒が付いてくるタイプだと思う。

問題　(L:きっと多分生徒が付いてくるタイプだと思う)では、「きっと」は文頭に置かれている。それを文末「生徒が付いてくるタイプだと思う、**きっと**」に置いたら、ニュアンス的に違いを感じるか。

A．とても感じる　B．感じる　C．どちらとも言えない

まず、日本人ネイティブを対象に、「文頭」と「文末」の位置の置き換え操作を通じ、文頭と文末における違いを感じるか否かを判定してもらった。その相違に関する質問に、その差異を「A. とても感じる、B. 感じる、C. どちらとも言えない、D. 感じない、E. とても感じない」の五段階に分けた。

次に、このうちの「A」と「B」を選んだ場合は、なぜそのような選び方をするかも記述してもらった。具体的には、「A」（文頭と文末の語用的機能の相違をとても感じる）と「B」（文頭と文末の語用的機能の相違を感じる）を選んだ理由を記述してもらった。

最後に、その語用的機能の相違に関する記述から、文頭と文末の語用的機能を引き出した。

5.3.3　アンケート調査の結果分析

アンケート調査の結果分析に当たって、ネイティブの記述回答を以下のように分類した。

一つ目は、「そういう言い方をしない」タイプである。本研究では、「ひょっとしたらが最後に来るのはおかしい」、「『もしかすると』はあまり文の終わりにしない」のように、「該当する語が文頭、もしくは、文末に置かれるのは、成立しない、あるいは成立するのが難しい」回答を一括して「そういう言い方をしない」タイプと規定する。

二つ目は、「文頭に置かれるほうが、語用的機能がより感じられる」タイプである。本研究では、「文頭のほうが強い、文末の方は少し弱い、発言者に確信がない」のように、「該当する語が、文頭に置かれるほうは、語用的機能が強調される」回答を、「文頭に置かれるほうが、語用的機能がより感じられる」タイプと規定する。

三つ目は、「文末に置かれるほうが、語用的機能がより感じられる」タイプである。本研究では、「後ろにあると、自信がなさそう」のように、「該当する語が、文末に置かれるほうは、語用的機能が強調される」回答を、「文末に置かれるほうが、語用的機能がより

感じられる」タイプと規定する。

　四つ目は、「その他」タイプである。本研究では、「文末は第三者的なニュアンスに感じる」のように、上述のいずれもグループにも分類することができない回答を「その他」タイプと規定する。

　アンケートの結果を表 5-3 のように示されている。

表 5-3　アンケート調査の結果

番号	187	188	189	190	191	192	193	194	195	196
1	B	B	A	B	B	A	B	C	A	C
2	D	B	D	B	B	A	A	B	D	B
3	D	C	D	B	D	A	B	D	D	B
4	B	D	B	B	B	A	B	D	D	A
5	B	A	C	B	A	A	E	C	D	C
6	B	B	B	D	B	D	D	C	B	D
7	B	B	C	B	D	A	B	B	A	D
8	D	D	B	D	D	B	D	D	D	D
9	B	B	E	B	B	B	D	C	B	D
10	D	B	D	B	D	B	D	B	B	B
11	B	E	B	C	B	B	C	E	C	D
12	A	B	A	B	B	C	B	B	B	B
13	B	B	B	B	B	D	B	B	B	B
14	B	B	A	C	D	D	D	B	C	D
15	D	D	C	B	B	A	B	D	D	A
16	B	B	A	B	C	D	C	B	C	B
17	A	C	D	C	A	A	A	D	D	C
18	D	B	B	B	D	C	C	D	C	C
19	B	B	C	C	B	D	B	C	C	C
20	B	C	C	B	B	B	C	B	B	B
21	B	D	E	B	D	D	B	E	B	A

続表

番号	187	188	189	190	191	192	193	194	195	196
22	B	C	C	C	B	C	C	B	B	B
23	B	B	B	B	B	B	B	B	B	B
24	B	A	B	B	B	A	A	C	A	B
25	D	D	B	D	B	A	A	B	D	A
26	D	A	D	B	B	B	B	B	B	B
27	A	D	C	D	D	A	A	B	D	A
28	B	C	B	A	B	A	B	B	C	B
29	A	B	B	A	A	A	A	A	A	A
30	B	B	C	B	B	A	C	B	C	A
31	A	A	A	A	A	C	A	A	A	A
32	B	B	C	B	B	C	C	C	C	C
33	A	B	B	B	A	A	A	A	A	A
34	B	B	B	A	A	C	C	B	B	B
35	B	B	B	D	D	B	B	C	C	B
36	B	C	B	C	C	A	C	C	B	B
37	A	A	B	A	A	C	C	A	A	C
38	A	E	C	C	A	C	C	C	C	B
39	B	A	B	B	B	A	C	A	A	B
40	A	B	B	B	B	A	A	A	C	B

次いで、アンケート調査の結果に基づき、語毎に見ていきたいと思う。

A　確信グループ

a　きっと

(183)【RとLはコーパスにおける会話参加者である。RはICUという大学で勉強しており、イギリスに留学した経験もある。将来教師になろうとしている。二人はそのことを喋っている】

R:（Fまー）多分元々教えること好きだったのかもしれません。
L:（Fうーん）
L:（Fうーん）
R:（Fうーん）
L:教えんの向いてそう
L:ですね。
R:（Fあ）そうですか。
L:（Fあー）（Fうーん）きっと多分
R:＜笑＞
L:生徒が付いてくるタイプだと思う。

(183)では、「A」と「B」を合わせて32人が選んだ。このうち28人からはその相違について回答を得た。28人の回答を次の四種類に分けることができる。

ⅰ 文頭に置かれる方が確信の気持ちが強調される（15例）
④①文頭の方が強い、文末のほうは、少し弱い、発言者に確信がない。

ⅱ 文末に置かれる方が確信の気持ちが強調される（7例）
⑦前者より後者の方がより確信している度合いが強いように

---

① 回答の部分に挙げた①〜㊵は、本調査に参加した協力者の番号のことを示す。また、ここでは、すべての回答を挙げることができず、代表的な例を挙げることにする。

感じた。

ⅲそういう言い方をしない（1例）
㉜「教え方が向いてる」と言っておきながら、「きっと多分」はおかしい。私なら、「そう思う」など言う。

ⅳその他（5例）
㉗「きっと」が前だと優しい、後だと冷たい。
㉘文頭は褒め言葉、文末は多分、適当な言葉。
㉟文頭は予想、文末は結果を意味する感じになる。
⑨前に置く場合、直後の「多分」との関係では、話し手の意見がまだ良くまとまっていない印象を受ける、後ろに置くと、「多分」で話しかけた言葉、話しているうちに、もっと積極的な肯定をした方がいいように、考え方が変化した印象を受ける。
㉑話し手が最初からその通りに思っていたのか、話をしているうちに、考えが変わった様に感じます＝文末にきっとがあると。

この結果を次の図で示すことができる。

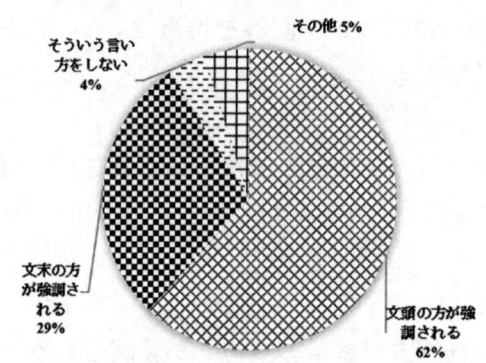

図5-1　「きっと」の文頭、文末機能相違比較

「きっと」が「文頭」に置かれる方がより心的態度が強調されるという回答（15例）は、「文末」のそれ（7例）より圧倒的に多い

から、「きっと」は、「文頭」に置かれる場合は、話し手の「確信」の心的態度を強く強調したいという傾向が見られる。

b 必ず

(184)【L はコーパスにおける講演者である。L は、ある知らない人が自宅のポストに雑誌を入れたりすることに困惑している。また L は、雑誌をよく購入している。この知らない人は、入れたのは、L さんが買った雑誌ではなく、買うのをやめた方の雑誌を入れている。】

L：僕(F あのー)パソコン雑誌とか買うんですけど、(F あの)色んな雑誌が出ててこう色々見て一冊買ったりするじゃないですか。
L：すると、
L：買った方じゃなくて、やめた方が入ってるんです、**必ず**。

(184) では、「A」と「B」を合わせて 26 人が選んだ。このうち 21 人からはその相違について回答を得た。21 人の回答を次の四種類に分けることができる。

ⅰ 文頭に置く方が確信の気持ちが強調される（4 例）
②前にあったほうが、「必ず」が強調される。

ⅱ 文末に置く方が確信の気持ちが強調される（10 例）
⑥文末の方が「これひどくないか？」と強調したい意図がある。

ⅲ そういう言い方をしない（4 例）
㉟文頭は結果を意味する感じだが、文末には使われることはまずない。

ⅳ その他（3例）
①修辞的な問題な気がします。文末の方が効果的な話し方、聞き手を引き込む話し方である印象があります。
⑨前に置くと「必ず」の被修飾語が遠すぎて、文意がわかりにくく感じる。
⑱「必ず」の強さに違いを感じる。

この結果を次の図で示すことができる。

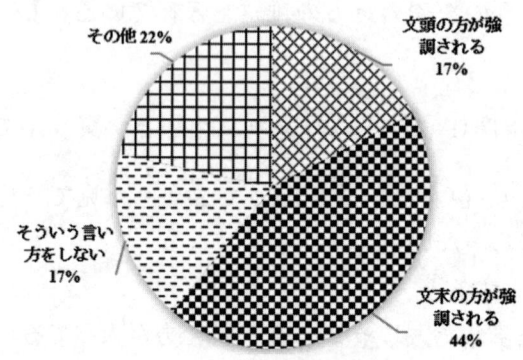

図5-2 「必ず」の文頭、文末機能相違比較

「必ず」が「文末」に置かれる方がより心的態度が強調されるという回答（10例）は、「文頭」のそれ（4例）より圧倒的に多いため、「必ず」は、「文末」に置かれる場合、話し手の「確信」の心的態度を強く強調したいという傾向が見られる。

c　絶対

（185）【RとLはコーパスにおける会話参加者である。Rはアメリカに対して良くないイメージを持っている】

　　L：(F うーん)どういう

L：イメージ
R：＜FV＞
R：(F(？う))(F うー)何か
R：自分達が一番だと思ってんじゃないのって。
L：(F あー)
R：文化もないくせに。
R：みたいな
L：＜笑＞
R：＜笑＞
R：自国文化ないくせにとか
R：＜笑＞
L：そうだよね。**絶対**そう思う。

　(185)では、「A」と「B」を合わせて23人が選んだ。このうち19人からはその相違について回答を得た。19人の回答を次の四種類に分けることができる。

　ⅰ 文頭に置く方が確信の気持ちが強調される（3例）
　⑤「文末」のほうが、弱いニュアンスに聞こえる。

　ⅱ 文末に置く方が確信の気持ちが強調される（12例）
　⑪倒置法で後ろに置かれた「絶対」の方が強調されて感じる。

ⅲ そういう言い方をしない（1例）
　㊲こんな表現しない。

ⅳ その他（3例）
　㉙Aは自身がすでに「そう思って」発言している、
　　Bは自身が発言した「そう思う」に対し、自分が承認を行っている。
　㉛上は、言葉を発するから、「絶対」と考えている、
　　下は、話しながら、後で頭の中に、「絶対」が出てきた感じ。

㉟文頭は予想、文末は確信。

この結果を次の図で示すことができる。

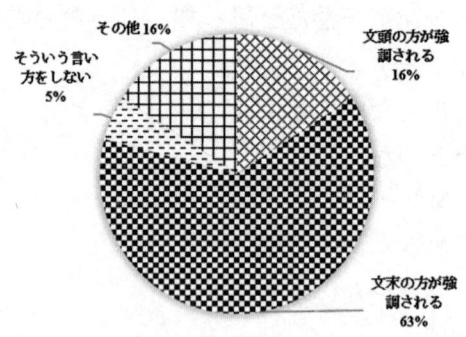

図5-3　「絶対」の文頭、文末機能相違比較

　「絶対」が「文末」に置かれる方がより心的態度が強調されるという回答（12例）は、「文頭」のそれ（3例）より圧倒的に多いので、「絶対」が「文末」に置かれた場合は、「文頭」よりも、話し手の「確信」の心的態度を強く強調したいという傾向が見られる。
　以上では、アンケート調査の結果に基づき、「きっと」、「必ず」、「絶対」の機能を見た。その機能を次のようにまとめることができる。

A. 「きっと」は、文頭に置かれる場合は、文末に置かれる場合よりも確信の気持ちがより強調される
B. 「必ず」は、文末に置かれる場合は、文頭に置かれる場合よりも確信の気持ちがより強調される
C. 「絶対」は、文末に置かれる場合は、文頭に置かれる場合よりも確信の気持ちがより強調される

　また、「きっと」では、文頭に置かれる場合は、心的態度がより強調されるとした回答者は、総記述者の半分近くを占め（7/15）、「絶対」と「必ず」では、文末に置かれる場合は、心的態度がより

強調されるとした回答者は、総記述者の半分近くを占めることから（それぞれ 10/21、12/19 となっている）以下の結論に至る。

確信グループでは、

① 「きっと」は、文頭に置かれる場合、話し手の確信の気持ちを強調される傾向にある。
② 「必ず」は、文末に置かれる場合、話し手の確信の気持ちを強調される傾向にある。
③ 「絶対」が文末に置かれる場合、話し手の確信の気持ちを強調される傾向にある。

B　推測グループ

a　多分

（186）【RとLはコーパスにおける会話参加者である。RはICUで勉強している。教師に興味を持っている】

　　　R：この興味を持つまではそれ程（Fま）大変な仕事っていうのも思わかったんですけども
　　　R：色々と向こうの
　　　R：例えばアメリカ人ならアメリカ人の文化が見え隠れしたり、（Fまー）こっちのそういう交流を図ることが（Fま）楽しかったことも一つですし。
　　　L：（Fうーん）
　　　L：（Fうん）（Fうん）（Fうん）（Fうん）
　　　R：（Fうーん）
　　　R：**多分**元々教えることも好きだったのかもしれません。

(186) では、「A」と「B」を合わせて27人が選んだ。このうち26人からその相違について回答を得た。この26人の回答を次の三種類に分けることができる。

ⅰ 文末に置く方が自信の無さが強調される（19例）
③語尾に「多分」を付与すると、より自信のなさを感じる。

ⅱ そういう言い方をしない（4例）
㉔「多分」と「かも」は、どちらも推定の意味なので、こういう使い方はしないと思う。

ⅲ その他（2例）
④文頭は、自分の意思を伝えている気がする、文末は、第三者的なニュアンスに感じる、周りの人からすると、そう見えるかもと自分で思っている。
⑦後者は冗談めかすようなニュアンスを感じる。

この結果を次の図で示すことができる。

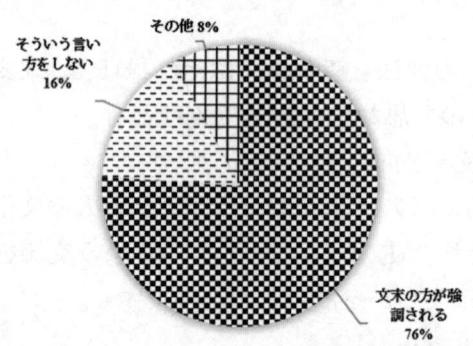

図5-4 「多分」の文頭、文末機能相違比較

以上の記述では、「多分」が文末に置かれる場合、26例の中で19例が文頭よりも「自信のなさ」を強調する傾向が見られる。

b　恐らく

（187）【Lはコーパスにおける講演者である。Lはニュージーランドへの航空券の購入の仕方を喋っている】

　　　L：例えば(JTB)
　　　L：そこに
　　　L：(Fまー)それこそインターネット(D2で)でアクセスしてですね、お金の受払いと航空券をですね。
　　　L：(Fえ)トランジットカウンターに
　　　L：預けてもらうとか、何とかすればですね、
　　　L：(Fえー)簡単に買えちゃうんですね。
　　　L：**恐らく**日本で(?買える)よりも遥かに安い値段で買えると思います。

（187）では、「A」と「B」を合わせて29人が選んだ。このうち25人からはその相違について回答を得た。この25人の回答を次の三種類に分けることができる。

ⅰ 文末に置く方が自信の無さが強調される（22例）
④文頭の方がはっきりしていて、文末の方があまり自信がないと感じる。

ⅱ その他（3例）
㉔意味は同じだが、違和感を感じる。
㉖長い文章で、文末に「恐らく」を置くと、どのセンテンスにかかるかわかりにくい。
㉛上　「恐らく」を考えての発言、
　下　話しながら、「恐らく」を考え発言。

この結果を次の図で示すことができる。

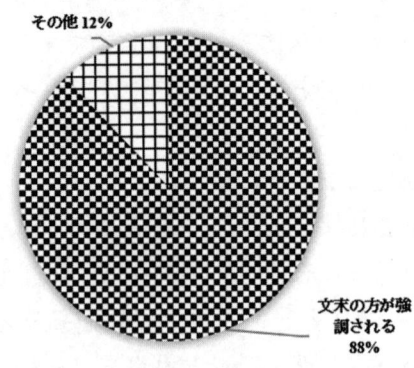

図 5-5 「恐らく」の文頭、文末機能相違比較

　以上の記述では、「恐らく」が文末に置かれる場合、25 例の中で 22 例が文頭よりも「自信のなさ」を強調する傾向が見られる。
　以上のことから、アンケート調査の結果に基づき、「多分」、「恐らく」の機能を見た。結論を次のようにまとめるができる。

　文末に置かれる場合は、文頭に置かれる場合よりも話し手の自信のなさがより強調される。

　しかも、二語のうち、いずれも、文末に置かれる場合は、話し手の自信の無さがより強調されるとした回答者は、総記述者の七割以上を占める（それぞれ 19/26、22/25 となっている）ことから、以下の結論に至る。

　推測グループでは、

①「多分」は、文末に置かれる場合、話し手の自信の無さを強調される傾向にある。

② 「恐らく」は、文末に置かれる場合、話し手の自信の無さを強調される傾向にある。

C　推定グループ

a　どうも

（188）【RとLはコーパスにおける会話参加者である。Rの旦那さんは教師をしておりRはその大変さを喋っている】

R：先生、大変意外と大変以外とって言うか、
R：私達の感覚だと、
L：(Fうーん)
R：多分先生って
R：(Fあの)休みがあって、いいなとか、夏休みとかね
L：(Fうーん)(Fうーん)(Fうん)(Fうん)(Fうん)
R：あっていいなって、感じなんだけど。
L：(Fうん)
R：**どうも**見てると、夏休みは殆どないし、(Fうん)休みの日(D(？ど))(Fまー)今土曜日も。

（188）では、「A」と「B」を合わせて26人が選んだ。このうち26人からはその相違について回答を得た。この26人の回答を次の二種類に分けることができる。

ⅰ そういう言い方をしない（23例）
④文末に来ると、あまり何を意味しているか分からない。

ⅱ その他（3例）
⑥文頭既に知っている　文末は考え込む印象。

⑦後者は、土曜日に何か忙しい用事があるようなニュアンスをより強く感じる。
㉟文頭は予想、文末はあいさつみたいな感じに捉えられる。

この結果を次の図で示すことができる。

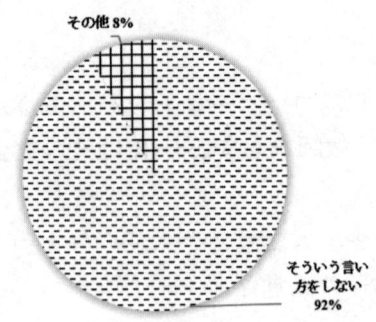

図5-6　「どうも」の文頭、文末機能相違比較

以上の記述から見ると、「どうも」はあまり文末に使われないことが分かる。（23/26）

b どうやら

（189）【Lはコーパスにおける講演者である。Lは池袋に住んでいることの感想を喋っている】

　　　L：池袋に住んでいるんだよと、友達などに言うと、（Fん）
　　　L：（Fえー）大抵
　　　L：いいねとか、
　　　L：あるいは良くないよねとか、
　　　L：いう（Dふ）二パターンに分かれます。
　　　L：または、
　　　L：（Fえー）変なところでは、

L：(Fえ)それって(Dひ)人住んでるのとか、
　　L：言われることもあります。
　　L：**どうやら**
　　L：(Fえー)
　　L：街の雰囲気からして、
　　L：住宅街とかがあることが、
　　L：みんな信じられないようです。

　(189)では、「A」と「B」を合わせて22人が選んだ。このうち18人からはその相違について回答を得た。この18人の回答を次の二種類に分けることができる。

　ⅰ 文末に置かれる方が不確実さが強調される（7例）
　⑲後に置いた場合は、言ったあとで、「あ、少し言い過ぎた」と
　　婉曲化を図りたいニュアンスを感じる。

　ⅱ そういう言い方をしない（8例）
　⑮「どうやら」は文末に使われるのは不自然だ。
　ⅲ その他（3例）
　㉘文末は、まだ話が続きそう。
　㉑文末にある方が、みんなの意見をより注視しているようじ感じ
　　る、しみじみ感じがある。
　㉛上　考えてから発言、
　　下　話している途中で、「どうやら」と思った。

この結果を図5-7で示すことができる。

　以上の記述から見ると、「どうやら」はあまり文末に使われないことが分かる。（8/18）

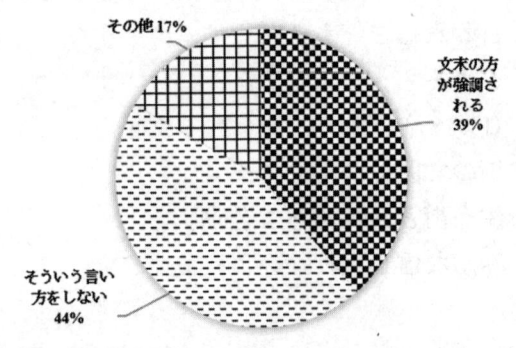

図5-7 「どうやら」の文頭、文末機能相違比較

　以上では、アンケート調査の結果に基づき、「どうも」、「どうやら」の機能を見た。その機能を次のようにまとめることができる。（括弧内の数字は、該当する認識を持っている人の総回答者に占める比率を示す）

　「どうも」も「どうやら」も文末にあまり出ない（どうも＝23/26、どうやら＝8/17）。特に、「どうも」は文末に出ない傾向がより強く感じられる。一方、「どうやら」は、文末に置かれると、不確かさが強調され、話し手は婉曲を図りたいという意図があることも4割近くを占める。

D　不確定グループ

a　もしかすると

（190）【RとLはコーパスにおける会話参加者である。Rは五人家族の家庭で生まれた。Rの家庭では、R自身を含めて女の子が三人いる。男性は父親しかいない。このような家庭で生まれたRは喋ることが好きだ】

R：そう、そう、基本的にこうお喋りをするのが好きというのは、あるあるかもしれない。
L：(F うーん)なるほどね、兄弟仲良くじゃ。
R：(F うーん)(F うん)
R：そうですね。
L：(F ふーん)
R：(F うーん)
R：(F あのー)人に話を
R：聞いてもらうのも好きなのかも、**もしかすると**。
L：(F あー)
R：(F うーん)喋るのが好きっていうことに加えて。

（190）では、「A」と「B」を合わせて20人が選んだ。このうち17人からはその相違について回答を得た。この17人の回答を次の三種類に分けることができる。

 ⅰ 文末に置く方が不確かさが強調される（4例）
㉚文末に置くと、言ったあとで、自信が無くなって付け加えるという感じ。

 ⅱ そういう言い方をしない（8例）
⑯「もしかすると」はあまり文の終わりに用いない。

 ⅲ その他（5例）
㉛上　言った後、「もしかすると」と思った、
　 下　頭で考えてからの発言。
㉞「もしかすると」が文頭にあると、思いつきで発言しているように聞こえる。

⑦文頭に使用すると、この文章で結論づいたようにも感じるが、文末に使用すると、うまく言えないが、より会話が続いてく、盛り上がっていく気配を感じる。

⑭聞いてもらうのも好きなのかも、もしかすると話に含みを持たせて、もっと会話が続いていく。

⑳「もしかすると」が最後に来るのは文の終わりを感じさせない。

この結果を次の図で示すことができる。

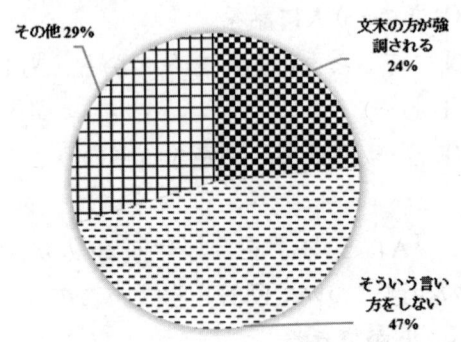

図5-8　「もしかしたら」の文頭、文末機能相違比較

以上の記述から、「もしかしたら」は、あまり文末に使われない傾向があるということが読み取れる。17人の回答者の中から8人が文末に使われないと回答している。

b　ひょっとすると

（191）【Lはコーパスにおける講演者である。Lはプロシーディング出版のことを述べている】
L：これ（Fえーと）
L：今年の春（Fえーと）統数研でやったシンポジウムの
L：プロシーディングです。
L：（Fえ）

L：(Fえーと)ひょっとしたら出版される
　　L：予定らしいです。

　(191)では、「A」と「B」を合わせて20人が選んだ。このうち17人からはその相違について回答を得た。この17人の回答を次の三種類に分けることができる。

ⅰ 文末に置く方が不確かさが強調される（10例）
⑤文末の方が、出版される可能性が低そうに感じる。

ⅱ そういう言い方をしない（4例）
㉞文末において使わないと思うから。

ⅲ その他（3例）
③文頭、文末の差は書き文字では間を伝えるニュアンスに取れる。
⑦前者は噂話のような口振りだが、後者は期待感を煽るような口振りである。
㉛上　考えてからの発言、
　下　話しながら「ひょっとしたら」と思った。

この結果を次の図で示すことができる。

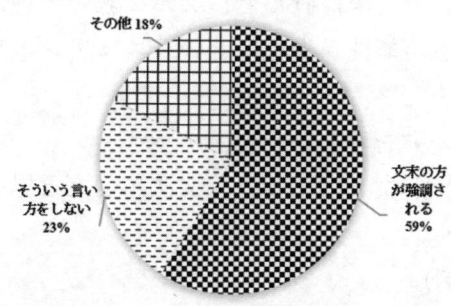

図5-9　「ひょっとしたら」の文頭、文末機能相違比較

以上の記述から「ひょっとすると」は文末に置かれる場合、可能性の低さを強調する傾向があるということが読み取れる。

c　あるいは

（192）【Lはコーパスにおける講演者である。Lは無人島での生活を想像しつつ、喋っている】

　　L：（Fえー）無人島で
　　L：ひょっとしたら
　　L：（Dし）新聞とか、雑誌が漂流して流れてくるかもしれない。
　　L：**あるいは**（Fあー）飛行機からビラが落ちてくるかもしれない。

（192）では、「A」と「B」を合わせて25人が選んだ。このうち25人からはその相違について回答を得た。この25人の回答を次の三種類に分けることができる。

　ⅰ 文末に置く方が不確かさが強調される（1例）
　⑩「あるいは」を文末に置くと、文頭に置いた場合よりも、ビラが落ちてくる可能性が少ないというニュアンスを感じる。

　ⅱ そういう言い方をしない（16例）
　⑬「あるいは」が文末にあると、文法が変だと思うから。

　ⅲ その他（8例）
　③文頭、文末の差は書き文字では間を伝えるニュアンスに取れる。
　㉒文語的な言い方に感じる

第 5 章　推量を表す陳述副詞の語用的機能　・175・

⑭文末に来ると、他にも何かがあるように感じる。
⑮「あるいは」は後にまた文が続くのかと思った。
⑳最後のあるいはの言葉のあとに、何かがついている気がして文章が続くかのように感じる。
㉑「あるいは」は普通文頭に置かれて、前の文章内容に対して、もう一つの話を導く接続語です。なので、文末に置かれると、まだ話が続くのかと思ってしまいます。
㉘文末は、話が続きそう。
㉙A は「新聞、雑誌」に対し、「ビラ」と同位置の関係を示しているが、B は、「ビラ」に対し、同位置を表現できていない。この手法は高度な文学表現を行っているためニュアンスが全く異なる。

この結果を図 5-10 で示すことができる。

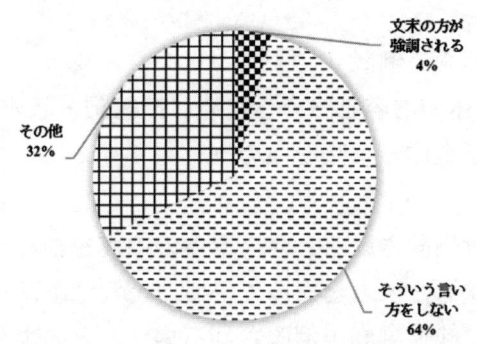

図 5-10　「あるいは」の文頭、文末機能相違比較

　図 5-10 から、「あるいは」は、あまり文末に使われない傾向があるということが読み取れる。25 人の回答者の中から 16 人が文末に使われないと回答している。

　以上のアンケート調査の結果に基づき、「もしかすると」、「ひょっとすると」、「あるいは」の機能を見た。その機能を次のようにま

とめることができる。（括弧内の数字は、該当する認識を持っている人が総回答者に占める比率を示す）

①「もしかしたら」はあまり文末に使われない。（8/17）
②「あるいは」はあまり文末に使われない。（16/25）
③「ひょっとしたら」は、文末に置かれると、自分の不確かな気持ちが強調される傾向が見られる。（10/17）

5.3.4　本節のまとめ

　本節では、アンケートの調査結果に基づき、文頭と文末の陳述副詞の語用的機能を検討してきた。
　ここでは、まず、ザトラウスキー（2005）の研究を見ておきたい。ザトラウスキー（2005）では、倒置法に使われる陳述副詞に関しては、

③本体を詳述する倒置
　「特徴」本体の内容を強めるために接続詞・陳述副詞が用いられる。会話全体の意味を強める。

と、陳述副詞は倒置されるとき、本体の内容を強めるという機能があることを指摘したにとどまっている。だが、ザトラウスキー（2005）では、具体的に陳述副詞が倒置される場合、どのように本体の内容を強めるのか。また、すべての陳述副詞が文末に置かれるのかについては言及されていない。
　本研究では、ザトラウスキー（2005）の分析を更に発展させた次のような結論が得られた。

　a．確信グループでは、
　「きっと」
文頭に置かれる場合、話し手の心的態度（確信を表す気持ち）を

強調する傾向が見られる
「絶対」と「必ず」
文末に置かれる場合、話し手の心的態度（確信を表す気持ち）を強調する傾向が見られる
b. 推測グループでは、
「多分」と「恐らく」
文末に置かれる場合、話し手の心的態度（自信の無さ）を強調する傾向が見られる
c. 推定グループでは、
「どうも」は文末に使われる確率が低い（23/26[①]）
「どうやら」は文末に使われる確率が低い（8/17）
d. 不確定グループでは、
「もしかしたら」は、文末に使われる確率が低い（8/17）
「あるいは」は、文末に使われる確率が低い（16/25）
「ひょっとしたら」は、文末に置かれる場合、話し手の心的態度（不確かさ）を強調する傾向が見られる。

5.4 不確定な気持ちを表す定型句の語用的機能

話し手は、推量を表すことに、陳述副詞に主要な役割を担わせるが、陳述副詞のほかにもある決まった形で現れる定型句も一緒に使うのである。

(170)（再掲）(Fま) これから世の中がどうなっていくか分かんないんですけれども、**絶対**にそれだけ見失わないで、(Fあの) 変な劣等感とか持たないで。

(193) それは(Fえーっと)決勝か、準決勝か、(Dちょと) 忘れましたけど、**多分**その場になると思うんで、

[①] ここの数字は、回答者のうち、「文末では成立しにくい」と答えた人の割合を示す。

本研究では、例（170）と例（193）のように、話し手は、不確かな気持ちを表すために、推量を表す陳述副詞のほかに、使っている決まった形を有する語句を「不確定な気持ちを表す定型句」とする。
　更に、「不確かな気持ちを表す定型句」は、(170)（再掲）、(193)のように、推量を表す陳述副詞に先行する例もある。一方、(194)のように、推量を表す陳述副詞に後続する例もある。

（194）（F その）三状態よりも、非同期性を表現できるという意味で、その非同期性がもしかしたら、効果が（F ん）見えているのかなという。<u>まだ、これだけでは、(D じ)(F まー)はっきりとは言えませんけれど。</u>

　本研究では、このような定型句を合計 78 例抽出することができた。以下では、「不確かな気持ちを表す定型句」の定義に沿って具体的な使用状況を考察していきたい。

5.4.1　考察

　考察によると、「話し手の不確かな気持ちを表す定型句」を更に「話し手の不確かな気持ちを直接表す定型句」と「話し手の不確かな気持ちを間接的に表す定型句」に分けることができる。

　Ⅰ　話し手の不確かな気持ちを直接表す定型句

　話し手は、「メーカーは、ちょっとまだわからないんですけど」、「それは、ちょっと私は詳しくは知りませんけども」のように、「わからない」、「知らない」を使い、自分の不確かな心的態度を表す。
　本研究では、このように、「知らない」、「分からない」を使い、話し手の不確かな気持ちを表す定型句を「話し手の気持ちを直接表す定型句」としている。以下の例は、このことを示している。

(195) <u>ちょっと言ってることがよく分かんないんですけども</u>、（F えっとですね）**絶対**間違った。
(196) <u>あたしもよく分からないんですけれども</u>、その人は、**多分**髪の毛はあんまりよくは洗えないんですね。
(197) <u>どうだったか、分かんないんですけれども</u>、その前は、**多分**アトランタか何かだったと思うんですけど。
(198) （F えー）<u>わたしには、完全には、分かっていませんが</u>、**恐らく**（F えー）父という存在を大きく見せたいところもあるのだと思います。
(199) その神には、（F えーと）（F ま）AM 先生っていう、（F えーと）（F ま）<u>年聞いたことないんで分からないですけど</u>、**恐らく**四十代前半くらいの女の先生が付いたんですね。
(200) <u>その為か、知らないんですけど</u>、**どうも**、勝男というのは、心にトラウマを持った猫に、育ってしまって。
(201) だから、女房が速く死んじゃったか、<u>ちょっと分からいんですけれども</u>、**どうも**京都の方面がね、あんまりよくなくて。
(202) <u>わからないけれども</u>、**どうやら**事故らしい。

Ⅱ　話し手の不確かな気持ちを間接的に表す定型句

　その一方、以下の二例のように、「分からない」、「知らない」を使わない定型句を、本研究では、「話し手の不確かな気持ちを間接的に表す」と見なすことにした。

(203) <u>ちょっと思い出せないんですが</u>、（F あのー）**必ず**千両っていうのはとか、松は飾る、飾ります。
(193) （再掲）それは(F えーっと)決勝か、準決勝か、（D ちょっと）忘れましたけど、**多分**その場になると思うんで、

また、「話し手の不確かな心的態度を間接的に表す」機能を次の二種類に分けることができる。

A　語る内容自体の不確かさを強調する

(204) (Fまー) 今一つ (Fま) そこのとこちょっと予測できないものがあるんですけれど、**恐らく**、これで例えば、結婚して、子供が生まれたりすると、単純に自分にとっての実家であるというのが、(Fえ) 自分が子供の頃、こう、要するに、お爺ちゃん、お婆ちゃんのうちというのは、田舎に帰るというイメージであったと同じように (Fえー)、自分の実家というよりは、(Fその) お爺ちゃん、お婆ちゃんのうちっていう (Fその) 機能を機能というか、イメージみたいなものを果たすようになるんだろうなという風に、ちょっと考え始めてまして。

(205) これは(Fまー)(Fあのー)(D(?う))絶対そうだということは断定できないんですけれども、(Fえー)(Dお)**恐らく**この(Oベットゥ)という母音の処理が(Fえー)実際は、日本語の(Mエ)に近いので、(Aジェーツー;J2)の方は、四番の組み合わせが難しく(D(?ん))なっている分だけ、こちらの(Dかっ)(?)(Fえー)識別が簡単なのかなと

(206) (Fまー)(Fあの)(Fま)小さい頃なんで、詳しくは覚えていないんですが、(Fあの) **どうも** (Fそのー) 大学で美術か何かを専攻されたようなそんな感じの先生で。

(207) (Fあのー)これは僕の勝手な想像なんですけれども、(Fあのー)(Fその)無人島っていうのは、**もしかしたら**、無人島と言うくらいだから、どこまで行っても、(Fう)どこまで行っても、(Dう)想像が付かないくらい広かったら、それもかなと。

(208) <u>これはやや主観的なんですが</u>、**どうやら**アメリカ人というものもやや横幅が広い、太った人が多いなという印象もありました。

　例（204）から例（208）は、いずれも「分からない」と「知らない」が使われていないから、「話し手の不確かな気持ちを間接的に表す定型句」と見なすことができる。以上の五例は、予測や断定の難しさにしろ、記憶の不確かさにしろ、述べる内容の主観的さにしろ、いずれも、これから話し手が述べる内容に対しての不確かさを強調するために使われていると考えられる。

B　語る内容に至るまでの方法の不確かさを強調する

(209) ですから、このピザトーストも、**もしかしたら**、向こうに旅した日本人か、あるいは、ちょっと手先のく、手先の（D（？お））動くアメリカ人か、何かが、作ってカフェに取り入れたのかなって、気も私はちょっとしているんですけれども、<u>この辺は、ちょっと調べてみませんと</u>、このピザトーストもですね、（Fあのー）さっき、（Fんー）スパゲティーカルボナーラ同様（Fあのー）料理の本見ておりまして、知った次第です。

(210) <u>これも（Fあのー）ちょっと今回の実験からだけでは何も言えないことなんです</u>。（Fその）**どうも**、それも（Fあの）ありそうだと。

(211) <u>また、（Fあのー）、私の調査も（Fん）十分とは言えません</u>。が、（Fあ）（Fえー）**あるいは**、その前例を、（Fおー）いきなり中国に求めるところに無理があるのではないでしょうか。

例（209）から例（211）では、いずれも「分からない」と「知らない」が使われていないから、「話し手の不確かな気持ちを間接的に表す定型句」と見なすことができる。そして、例（209）では、「この辺は調べてみませんと、（分からない）」と、更に調べる必要を示唆している。また、例（213）では、「これは今回の実験だけではなんとも言えない」と、調査の限界を言及している。更に、例（213）でも、「調査も十分とは言えない」と、調査の不十分さを強調している。ここの三例は、いずれも「使用方法に不備がある」ということを強調している。

5.4.2 本節のまとめ

本節では、推量を表す陳述副詞と連動して使われる不確定な気持ちを表す定型句の使用実態を考察した。本研究のデータを基に、「不確かな気持ちを表す定型句」を図 5-11 のようにまとめることができる。

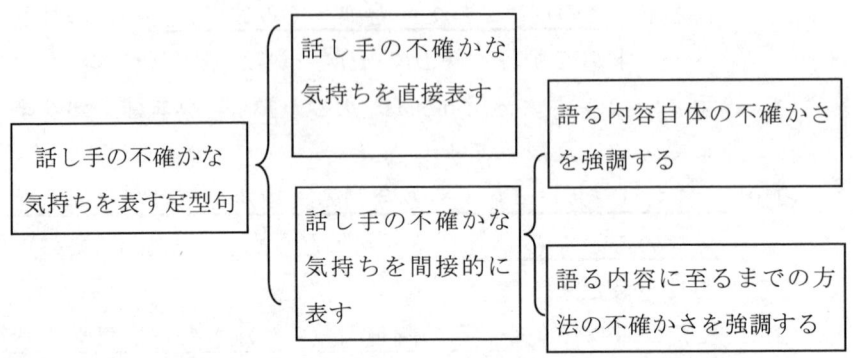

図 5-11 話し手の不確定な心的態度を表す定型句の語用的機能

5.5　本章のまとめ

　本章は、「他者と自己の関係における語用的機能」、「文頭と文末における語用的機能」、「不確かな心的態度を表す定型句」の三つの観点から、推量を表す陳述副詞の語用的機能を検討してきた。まとめると、次の結論が得られた。

　その一、対話参加者である「話し手」と「聞き手」との関係を軸に、「他者配慮機能」と「自己防衛機能」に分け、語用的機能を見た。
　話し手は、確信の陳述副詞を使い、聞き手の意見に賛同し、聞き手の立場を配慮することで、相互の良好な関係を維持する。聞き手の意見が正しいということを認めることを通じて聞き手のことに配慮する。
　一方、話し手は、推測、推定、不確定の陳述副詞を使い、自分のことを確かでないものにし、聞き手との意見衝突を避け、聞き手に自分のことをいいように思ってもらうことを通じて自己防衛をすると同時に、聞き手との良好な関係も維持できる。
　更に「他者配慮機能」から「自己防衛機能」への機能の流動と「自己防衛機能」から「他者配慮機能」への機能の流動も検討した。
　話し手と聞き手がともにおり、推量を表す陳述副詞が併用される文脈の中で、確信グループが先行され、他のグループ（推測、推定、不確定）が後続される場合、「他者配慮機能」から「自己防衛機能」への機能の流動がある。
　一方、逆に、他のグループ（推測、推定、不確定）が先行され、確信グループが後続される場合、「自己防衛機能」から「他者配慮機能」への機能の流動がある。

　その二、アンケート調査の結果に基づき、文頭と文末に潜んでい

る日本人の使用意識を把握し、機能的に相違を明らかにすることができた。

　これまでザトラウスキー（2005）で、「倒置法」における陳述副詞に関する知見を更に発展させ、次の結論が得られた。①すべての推量を表す陳述副詞が文末に置かれるとは限らない。②すべての推量を表す陳述副詞が倒置、すなわち文末に置かれる時、会話全体の意味を強めるとは限らずに、文頭に置かれる時、会話全体の意味を強めるケースもある。

　その三、推量を表す陳述副詞と連動して使われる不確定な気持ちを表す定型句の語用的機能をまとめることができた。
　定型句の機能を話し手の不確かな気持ちを直接表すかどうかを基に、「不確かな気持ちを直接表すタイプ」と、「不確かな気持ちを間接的に表すタイプ」に分けた。
　さらに、「不確かな気持ちを間接的に表すタイプ」を次の二種類にまとめることができた。

　a. 語る内容自体の不確かさを強調する
　b. 語る内容に使われる方法の不確かさを強調する

第6章　結論と今後の課題

6.1　本研究の結論

　本研究は、記述的方法により、日本語における推量を表す陳述副詞に焦点を当て、その形式的特徴を明らかした上で、推量を表す陳述副詞の統語的機能と語用的機能を考察したものである。本研究は、計六章から構成されている。

　第1章では、研究対象を確定し、統計データを紹介した上で、問題提起をした。

　現代日本語では、推量を表す陳述副詞は話し手の推量の心的態度を表すのに重要な役割を果たしている。第1章では以下のように論を進めていった。

　まず、本研究は国立国語研究所（2003）の『分類語彙表』、飛田良文・浅田秀子の『現代副詞用語辞典』（2014）、工藤浩（2016）を参照に、三者の共通した推量を表す副詞を選定し、研究対象を次の四グループに分けることにした。

①確信グループ　きっと　必ず　絶対（に）
②推測グループ　多分　恐らく
③推定グループ　どうも　どうやら
④不確定グループ　もしかしたら　ひょっとしたら　あるいは

以上の10の副詞を研究対象に決めた。

研究データを国立国語研究所・情報通信研究機構・東京工業大学が共同開発した日本語話し言葉コーパス「CSJコーパス」を採用し、大規模な語例調査を実施した。なお、語用的機能を検討する際、宇佐美まゆみ研究室によって開発されたBTSJコーパスを補足として用いた。

第2章では、文法と語用の角度から先行研究を概観した上で、先行研究で未解決の問題を明確にした。具体的に、以下の三点となっている。

①**形式的特徴**では、推量を表す陳述副詞と共起する文末表現の考察が不十分である。また、語の出現位置についての考察が未実施である。

推量を表す陳述副詞は、何らかの文末表現がついている。これはこの類の副詞の顕著な特徴の一つとなっている。これまでの研究では、森本（1994）、工藤（2016）は文末表現の調査を実施したが、それを網羅できないのが事実であり、更に補う必要があると思われる。それで大規模な語例調査を実施したうえ、共通した結論をまとめる必要があると考えられる。それに、推量を表す陳述副詞が文における位置によって異なる語用的機能を見せており、言い換えれば、推量を表す陳述副詞の語用的機能は文における出現位置と連動しているのである。従来の研究では、この種の調査が実施されていないのである。語例調査を通じ、語の文における位置の実態を把握し、第5章の「推量を表す陳述副詞の語用的機能」を論ずるのに、データを提供しておく。

②**統語的機能**では、推量の定義に基づいた推量のメカニズムがまだはっきりされていない。そのうえ、推量のメカニズムによるグループ別の特徴もまだはっきりされていない。

これまでの研究では、推量の手がかり「p」と推量の帰結「q」を中心とした推量を表す陳述副詞の定義等については明かされているが、実際に、手がかり「p」と帰結「q」が具体的に呈した様相に関しては、まだ未解決のままとなっている。よって、まず「p」と「q」

との関係を手がかりに、推量のメカニズムを解明することが必要だと考えられる。

　また、工藤（2016）によると、推量を表す陳述副詞を「確定グループ」、「推測グループ」、「推定グループ」、「不確定グループ」と四種類に区分化することができる。従来の研究では、この種の副詞の相違を話し手の認識の相違に帰するとしか結論付けられていないが、推量のメカニズムを把握したからには、推量のメカニズムによる区分化された推量を表す陳述副詞の相違の解明が期待される。

　③**語用的機能**では、他者と自己の関係が推量を表す陳述副詞への関与の仕方、乃至文頭と文末におけるネイティブの使用意識の視点から迫った研究が行われていない。また、推量を表す陳述副詞と共に連動して使われる不確かな気持ちを表す定型句についての研究も行われていない。

　推量を表す陳述副詞は話し手の心的態度を伴うがゆえに、特殊な陳述副詞となっている。この種の副詞は実際に使われる際、「他者」と「自己」は常に関与しており、これまでの研究では、「他者」と「自己」の関与のしかたに触れた個所が少なく、更に掘り下げる必要があると考えられる。また、文頭と文末は話し手のターンが聞き手のターンに隣接しているがゆえに、話し手の語用的機能がより明白な形で表れている。従来の研究では、文頭、文末の語用的機能に関しては研究されているが、推量を表す陳述副詞に特化した文頭・文末の語用的機能についてはまだ行われていない。これを受け統語的機能で推量を表す陳述副詞の文における出現位置のデータを踏まえたうえ、文頭と文末における話し手の語用的機能を明らかにする必要もあると考えられる。更に話し手は推量を表す陳述副詞を使う際、話し手の不確かな気持ちを表明すべく、副詞以外に、何らかの決まった形で現れる定型句も一緒に使用し、こうした定型句の使用実態を把握する必要もあるのである。

　そこで、上述の課題を解決するために、本研究では、以下の三章

を設け、考察を試みた。

　第3章では、推量を表す陳述副詞と共起する文末表現と語の出現位置から考察し、先行研究において列挙されていない文末表現を補完できた。（表3-23、表3-24、表3-25、表3-26を再掲）。

表3-23　先行研究に未出現の文末表現（確信グループ）（再掲）

陳述副詞	出現形式	出現数
きっと	らしい	1
	かもしれないじゃないか	1
	ん（の）じゃ（では）ない	2
	か	14
	ん（の）じゃ（では）ないかな	24
必ず	ん（の）じゃ（では）ない	1
	（の）かな/かしら	1
	か	1
	らしい	3
	かもしれない	3
	ようだ	5
	ん（の）じゃ（では）ない（の）か	13
絶対	ん（の）じゃ（では）ない	1
	らしい	1
	ようだ	2
	（の）かな/かしら	4
	かもしれない	5
	ん（の）じゃ（では）ないかな	9
	ん（の）じゃ（では）ないか	12
	はずだ	14
	だろう	21

表 3-24 先行研究に未出現の文末表現（推測グループ）（再掲）

陳述副詞	出現形式	出現数
多分	ん（の）じゃ（では）	1
	とか	1
	というか	2
	可能性/恐れがある	3
	っぽい	5
	ん（の）じゃ（では）ない	6
	か	15
	（の）かな/かしら	48
	ん（の）じゃ（では）ないかな	61
	ん（の）じゃ（では）ない（です）か	81
おそらく	そうだ	3
	可能性がある	3
	（の）かな/かしら	7
	ん（の）じゃ（では）ない（の）かな	10
	か	18

表 3-25 先行研究に未出現の文末表現（推定グループ）（再掲）

陳述副詞	出現形式	出現数
どうも	っぽい	2
	可能性がある	4
	とか	5
	（の）かな/かしら	5
	だろう	7
	か	8
	そうだ	25
どうやら	ん（の）じゃ（では）ないですか	1
	ん（の）じゃ（では）ないかな	1
	とか	1
	そうだ	1

表 3-26　先行研究に未出現の文末表現（不確定グループ）（再掲）

陳述副詞	出現形式	出現数
もしかしたら	ん（の）じゃ（では）ないの	1
	ん（の）じゃ（では）ない	1
	とか	1
	か	4
	可能性/恐れがある	8
	ん（の）じゃ（では）ないかな	17
	（の）かな/かしら	33
	ん（の）じゃ（では）ない（です）か	46
ひょっとしたら	んじゃ	1
	らしい	1
	ではなかろうか	1
	可能性があるのではないか	1
	か	2
	ん（の）じゃ（では）ない（の）かだろうか	3
	ん（の）じゃ（では）ない（の）かな	4
	可能性がある	4
	（の）かな/かしら	5
	ん（の）じゃ（では）ない（の）か	15
あるいは	思われる	2
	かもしれない	2
	のではないか	3

　また、それと同時に、出現位置からも推量を表す陳述副詞の振る舞いを考察したうえで、その共通性をまとめることができた。そうすることにより、推量を表す陳述副詞の形式的特徴を把握することができた。

第6章 結論と今後の課題

まず、共起する文末表現を「推量を表す文末表現」と「断定を表す文末表現」に分け、そのうえ、各文末表現における共通性を見出すことができた。

「断定を表す文末表現」に関しては、確信グループ、推測グループ、推定グループは、「断定を表す文末表現」と共起する確率が高いのに対して、不確定グループと共起する確率が低い。

一方、「推量を表す文末表現」に関しては、次のことがまとめられる。

①確信グループでは、
　「必ず」以外は「だろう」と共起する割合が最も高い
②推測グループでは、
　「だろう」と共起する割合が最も高い
③推定グループでは、
　「ようだ」と共起する割合が最も高い
④不確定グループでは、
　「かもしれない」と共起する割合が最も高い

以上の①～④のうち、①と②は、森本（1994）と工藤（2016）でも挙げている。本研究はそれを裏付ける形となっている。
一方、③と④は本研究のオリジナリティである。③は、先行研究を発展させることができた。森本（1994:95）では、「どうも」、「どうやら」は「らしい」系の構文と共起しやすいと指摘したが、本研究では、「どうも」、「どうやら」は「らしい」のみならず「ようだ」ともに共起しやすいという結論が得られた。また、研究データに基づき、「ようだ」は「らしい」より共起しやすいということも分かった。
更に、④は、本研究の新発見となっている。
一方、語の出現位置から、推量を表す陳述副詞を考察した。考察した結果、すべての語は文中に出現する割合が一番多く、文頭

に出現する割合が二番目に多く、また、文末に出現する割合が低いということが明らかになった。

　第4章では、推量の定義に沿い、推量のメカニズムを判明したうえ、グループにおける文法的な特徴を明らかにした。そうすることにより、推量を表す陳述副詞の統語的機能を把握することができた。

　まず、推量の定義に沿い、推量のメカニズムを次のように分類した。

　話し手は推量を表す陳述副詞を使う際、手かがり「p」が言語化されているか否かを軸に、「『p』が言語化された場合」と「『p』が言語化されていない場合」に分類した。

　『p』が言語化された場合とは「p→q」のように、文中に推量の手がかり「p」と推量の結論「q」が合体した形で現れているものである。話し手は「p」を手がかりに、「q」を導く。

　一方、『p』が言語化されていない場合とは「φ→q」のように、同じく推量文に属しながらも、文中に推量の結論「q」のみ現われているものである。無論、この場合、手がかりである「p」がないわけではなく、暗に存在しており、後景化しているだけである。

　「『p』が言語化された場合」については、「『p』が言語化された場合」を「p」の種類によって、「pけど、陳述副詞q」(即ち、推量対象(背景)を手がかりに、その推量対象(背景)を推量する)、「pて、陳述副詞q」(即ち、①推量対象(背景)を手がかりに、その推量対象(背景)を推量する、②推量対象を手がかりに、その継起する事柄を推量する)、「pと、陳述副詞q」(即ち、推量条件を手がかりに、その動作が成立した場合のことを推量する)、「pので、陳述副詞q」(即ち、推量根拠を手がかりに、その結果のことを推量する)のように分類した。(表4-9を再掲)

表 4-9 「p」が言語化された場合の統語的機能（再掲）

形式	機能・意味
p けど、陳述副詞 q	推量対象（背景）を手がかりに、その推量対象（背景）を推量する
p て、陳述副詞 q	推量対象（背景）を手がかりに、その推量対象（背景）を推量する
	推量対象を手がかりに、その継起する事柄を推量する
p と、陳述副詞 q	推量条件を手がかりに、その動作が成立した場合のことを推量する
p ので、陳述副詞 q	推量根拠を手がかりに、その結果のことを推量する

　一方、「『p』が言語化されていない場合」については、「『p』が言語化されていない場合」を、「q」が何らかの操作を受けたか否かを軸に、「『p』が言語化されていない場合 1」と「『p』が言語化されていない場合 2」に分類した。

　「『p』が言語化されていない場合 1」では、文において、話し手の推量の結論「q」のみ存在しているのがその特徴である。

　それに対して、「『p』が言語化されていない場合 2」では、文において、話し手の推量の結論「q」が何らかの操作を受けているのがその特徴である。

　このうち、「『p』が言語化されていない場合 2」は、「q」が何らかの操作を受けていると特徴づけている。この場合は、「q」は何らかの操作を受けているものであるから、推量以外の機能を帯びていることが判明できた。具体的に言えば、「話し手の推量の気持ちを挿入する機能」、「先行文脈を修正する機能」、「先行（後続

文脈より副次的事柄を提示する機能」があることが判明できた。（表4-8 を再掲）

表 4-8 「『p』が言語化されていない場合」の機能（再掲）

種類	形式		機能
「p」が言語化されていない場合 1	該当文は「q」だけとなっている		推量
「p」が言語化されていない場合 2	①一つの文の中に、「q」が挿入される ②「q」＝陳述副詞＋文＋が/けど	推量	話し手の推量の気持ちを挿入する
	「q」の前に同じ文がある	推量	先行文脈を修正する
	①文の最初に文の内容を総括する表現がある ②文の中に、「たり」、「とか」など並列を表す表現がある ③文の前後に、「q」と類似した表現がある	推量	先行（後続）文脈より副次的事柄を提示する

　そのうえ、以上の結論を基に、グループ別の特徴として、以下の4点を明らかにした。

「p」が言語化された場合

①確信グループ（「きっと」、「必ず」、「絶対」）では、「q」の機能においては、いずれも「ましょう」、「てほしい」、「なければならない」のように、依頼表現、勧誘表現を多用し、話し手の強い心的態度を表す文末表現と共起することができる。一方、そのほかの三グループではそのような表現は

見当たらない。

②推定グループ（「どうも」、「どうやら」）では、「pとq」の条件種類においては、いずれも非前項依存型条件が優勢となっている。

まず条件表現を前項「X」と後項「Y」との関係に基づき、条件表現を「前項依存型条件」と「後項依存型表現」に分けた。「前項依存型条件」では、後項「Y」の成立が前項「X」の成立を条件としている。それに対して、「非前項依存型条件」では、後項「Y」の成立が前項「X」の成立を条件としていない。

この二つの概念を手がかりに、推定グループの特徴を抽出することができた。（表4-3を再掲）

表4-3 推定グループにおける条件表現の分布（再掲）

	前項依存型総数	非前項依存型総数	条件表現総数
確信 きっと、必ず、絶対	205	71	276
推測 多分、恐らく	125	55	180
推定 どうも、どうやら	26	43	69
不確定 もしかしたら ひょっとしたら あるいは	39	14	53

③不確定グループ（「もしかしたら」、「ひょっとしたら」）では、いずれも「仮定表現を誘導する機能」を有している。

「陳述副詞pと、q」を手がかりに、不確定グループを特徴づけた。まず、「もしかしたら」を語源から考察し、「もし」から成立した

という説を援用し、「もしかしたら」は現在になっても「仮定」の意味合いが色濃く残っていることを判明し、具体的なデータを示しつつ、「もしかしたら」は「仮定表現を誘導する機能」を持っているという結論に至った。一方「ひょっとしたら」も似通った結論が判明できた。（表 4-4 を再掲）

表 4-4　「陳述副詞 p と、q」の例の分布（再掲）

	陳述副詞	「陳述副詞 p と、q」の例	条件表現の総数
確信	きっと	0	51
	必ず	0	130
	絶対	0	95
推測	多分	2	143
	恐らく	0	37
推定	どうも	1	65
	どうやら	0	4
不確定	もしかしたら	16	38
	ひょっとしたら	5	11

「p」が言語化されていない場合

④先行（後続）文脈より副次的事柄を提示する機能は、不確定グループにしかない。

　文の最初に文の内容をまとめ、のち、それについての具体的な説明が展開し、先行文脈、もしくは後続文脈と類似した事例を挙げている。更に文中において、並列を表す並列助詞や接続助詞が多用されている。この種の機能では、不確定グループ「もしかしたら」、「ひょっとしたら」、「あるいは」の使用が目立ち、ほかの三種類の使用が見当たらない。

第6章　結論と今後の課題

　第5章では、他者と自己の関係に基づいた推量を表す陳述副詞の使用実態を検討したうえ、日本人ネイティブを対象としたアンケート調査により、文頭と文末における推量を表す陳述副詞の使用意識を確かめた。最後に、陳述副詞と連動して使われる「不確かな気持ちを表す定型句」の使用をまとめることができた。そうすることにより、推量を表す陳述副詞の語用的機能を把握することができた。

　まず、「他者配慮機能」と「自己防衛機能」に分け、推量を表す陳述副詞の使用を検討した。

　「他者配慮機能」とは、話し手は聞き手との良好な関係を維持するため、聞き手の意見に賛同し、聞き手の立場に気を配ることを通じ、他者への配慮を表明する機能のことである。

　一方、「自己防衛機能」とは、話し手は同じく聞き手との良好な関係を維持するため、自分のことを不確かなことにしたうえ、自己を防衛する機能のことである。

　考察の結果は次のようになっている。

①話し手は確信グループの語を使い、聞き手の意見に賛同することにより聞き手への配慮を示す。
②話し手は、推測、推定、不確定グループの語を使い、自身のことを不確かなことにすることにより、自己への防衛を図る。
　なお、自己を防衛する時、「聞き手からパワーを感じる場合」と「聞き手からパワーを感じない場合」に分けて論述した。前者のほうでは、話し手が不確かな情報に聞き手に伝えてしまえば、聞き手に自分のことを悪く思われる恐れを極力避けるという心理が働いているため、自己を防衛したと思われる。また、後者の方では、話し手と聞き手との間で、何らかの縦の関係が生じ、話し手はこうした縦の関係による格差を埋めるために、自己を防衛したと思われる。いずれにせよ、推測、推定、不確定グループの副詞を使い、自己を防衛したことに変わりがないのである。

更に、これまで注目されていなかった推量を表す陳述副詞の併用現象にも注目し、語用的機能の流動現象を検討した。検討の結果は次のようになっている。

①「他者配慮機能」から「自己防衛機能」へ流動する場合
　　確信グループ→推測、推定、不確定グループ
②「自己防衛機能」から「他者配慮機能」へ流動する場合
　　推測、推定、不確定グループ→確信グループ

最後に語用的機能の流動が発生する条件を付けくわえることができた。

①独話ではなく、対話である必要がある。
②対話の中で、話し手が話す内容は必ず聞き手にかかわりを持つ必要がある。

次に、日本人ネイティブに依頼し、推量を表す陳述副詞が文頭と文末においてどちらのほうがより多く使われるのか、文頭に使われる場合と文末に使われる場合における相違がどこにあるのか、文頭と文末の使用に潜んでいる言語使用意識を確かめることができた。アンケート調査の結果を次のように示すことができる。

①確信グループでは、
　「きっと」は、文頭に置かれる場合、話し手の心的態度（確信の気持ち）を強調する傾向が見られる
　「絶対」と「必ず」は、文末に置かれる場合、話し手の心的態度（確信の気持ち）を強調する傾向が見られる
②推測グループでは、
　「多分」と「恐らく」は、文末に置かれる場合、話し手の心的

第6章　結論と今後の課題　・199・

　　態度（自信の無さ）を強調する傾向が見られる
③推定グループでは、
　　「どうも」は文末に使われる確率が低い
　　「どうやら」は文末に使われる確率が低い
④不確定グループでは、
　　「もしかしたら」は、文末に使われる確率が低い
　　「あるいは」は、文末に使われる確率が低い
　　「ひょっとしたら」は文末に置かれる場合、話し手の心的態（不確かさ）を強調する傾向が見られる。

　最後に、推量を表す陳述副詞と連動した「不確かな気持ちを表す定型句」の使用に注目し、「話し手の不確かな気持ちを直接表すタイプ」と「話し手の不確かな気持ちを間接的に表すタイプ」に二分した。そのうえ、「話し手の不確かな気持ちを間接的に表す」を次の二点にまとめることができた。（図 5-11 を再掲）

①語る内容自体の不確かさを強調する
②語る内容に使われる方法の不確かさを強調する

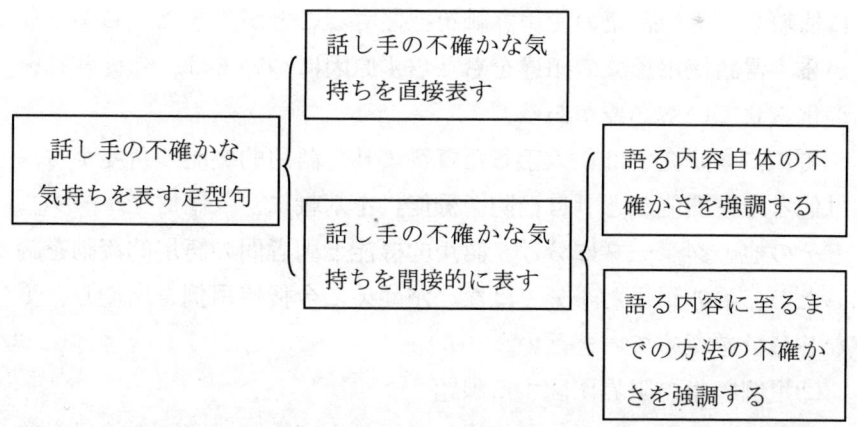

図 5-11　話し手の不確定な心的態度を表す定型句の語用的機能（再掲）

6.2 本研究の限界と今後の研究課題

本研究では、形式的特徴、統語的機能、語用的機能から推量を表す陳述副詞を考察してきたが、十分な研究が成されたとは言いがたい。ここでは、まず本研究の限界を述べておきたい。

①研究の不十分さに関する課題

本研究では、できるだけ、推量を表す陳述副詞の機能を詳細に記述しようと心がけたが、現段階では、まだ十分に解明できない箇所がある。

第4章では、推量を表す陳述副詞のグループ別における特徴を論じた際、推定グループでは、条件表現の種類において、際立った特徴が見られた。推定グループは、ほかの三つのグループと異なり、「非前項依存型」が「前項依存型」より多いという結論が得られた。しかしながら、この相違を生む原因については、今後考察を深める必要がある。

第5章では、文頭と文末における機能を考察した際、ネイティブに依頼し、その言語の使用意識を把握することができた。しかしながら、言語使用意識の相違をもたらす原因については、今後考察を進化させていく必要がある。

更に、本研究では、入手した資料より、語用的機能の角度から、「他者配慮機能」と「自己防衛機能」を基軸に、「確信グループ」とその他のグループに分け、語用的機能と両者間の語用的流動を論じたが、論述がまだ十分ではないがゆえに今後使用例を増やし、更なる分析を深めていきたい。

②用例収集の限界に関する課題

本研究では、コーパスを使用し、推量を表す陳述副詞を検索対象に大規模な調査を行い（予備調査を含め、延べ1万以上の例）、で

きるだけより多く例文を収集したうえ、論文をまとめたつもりである。しかしながら、到底、実際の言語使用に現れる使い方をすべて網羅するには程遠い。今後は、この課題を解決するために、コーパスを拡大し、より詳細な研究を進め、論述を深めていきたい。

更に、本研究で扱っていない課題に関して次の三点が挙げられる。

その一、ポライトネス理論と結びつける必要性

本研究では、各語を記述的な手法を取り考察したが、実際のところ、話し手はこれらの副詞を使う際、必ずポライトネス理論を反映するところが大きいと考えられる。この意味から、実際にインタビューの手法を取り、ポライトネス理論と結びつけて観察する必要がある。

ポライトネス理論はブラウンとレビンソンによって提唱された理論であり、人間は誰もがフェイスというものを持っているとしている。

ブラウン・レビンソン（2011:79）は「フェイス」を以下のように定義・分類している。

「フェイス」（face）。すべての構成員が自分のために要求したいと願う公的な自己イメージで、以下の二つの関連する側面に存在する。

(a) ネガティブ・フェイス：縄張り、個人的領分、邪魔されない権利——つまり、行動の自由と負担からの自由——に対する基本的要求である。

(b) ポジティブ・フェイス：相互行為者（interactants）が求める肯定的な、一貫した自己イメージ、つまり人格（personality）（重要なのは、この自己イメージが評価され、好ましく思われたいという欲求を含んでいることである。）

また、フェイスというものは他人の行動によってのみ満たすとされ、互いにフェイスを保つことは話し手にとっても聞き手にとっても一番望ましい状態だとされる。だが、実際の会話行動では、フェイスが常に他人によって脅かされるのである。すなわち、行為によるフェイスの侵害行為（face-threatening acts =FTA）が頻繁に起こるのである。

　このように、人間は誰もがフェイスを保たれていることを望んいるが、常にフェイスを誰かに脅かされているものだから、何らかのポライトネス・ストラテジーを採用するのは当然のことである。

　具体的に相手のポジティブ・フェイス（相手の永続的な欲求が常に望ましいものであると認められたいという欲求）に向けられたポジティブ・ポライトネスと相手のネガティブ・フェイス（自由な行動や興味を妨げられたり、邪魔されたくないという欲求）に向けられたネガティブ・ポライトネスに分類された。

　一方、話し手が、推測を表す陳述副詞を使う際、ポライトネスも関わってくると思われる。具体的に言うと、コミュニケーションに際して、話し手が聞き手に対し、常にFTA行為を実施しているのであるが、話し手はFTA行為を実施する前、あるいは実施した後、よく推測を表す陳述副詞を使用し、そうすることによってFTAの度合いを幾分和らげると思われる。

　例（212）を見ていきたい。

1　M09　あの、酒なんか、酔えりゃーいいよ。
2　M09　だめ?。
3　M10　やー、でも、『いいちこ』おいしいじゃん。
4　M09　なんか、アルコールの味がね、あんま好きじゃないけどな、おれは。
5　M10　おれアルコールの味が好きなんだよ、<u>多分</u>。
6　M09　うん。

　この会話において、M09は（4）で「自分はアルコールがあまり

好きではない」という事実を述べている。しかし、（5）で、M10 は、「アルコールが好きだ」と明言し、M 09 と正反対の意見を言っている。つまり、ここで、M09 に対し、FTA 行為を実施しているわけである。だが、このあと、M10 はすかさず、陳述副詞「たぶん」を使っている。それは、何に起因するかというと、M09 に対してポジティブ・フェイスを侵害した後の補償行為にほかならないと考えられる。

更に、ブラウン・レビンソン（2011:134-178）はポジティブ・ポライトネスを次のように挙げている。

ⅰ 共通の基盤を主張せよ。
　　ストラテジー1　H（の興味、欲求、ニーズ、持ち物）に気付き、注意を向けよ。
　　ストラテジー2　（Hへの興味、賛意、共感を）誇張せよ。
　　ストラテジー3　Hへの関心を強調せよ。
　　ストラテジー4　仲間ウチであることを示す標識を用いよ。
　　ストラテジー5　一致を求めよ。
　　ストラテジー6　不一致を避けよ。
　　ストラテジー7　共通基盤を想定・喚起・主張せよ。
　　ストラテジー8　冗談を言え。
ⅱ SとHは協力者であることを伝えよ。
　　ストラテジー9　SはHの欲求を承知し、気づかっていると主張せよ。
　　ストラテジー10　申し出よ、約束せよ。
　　ストラテジー11　楽観的であれ。
　　ストラテジー12　SとH両者を行動に含めよ。
　　ストラテジー13　理由を述べよ（もしくは尋ねよ）。
　　ストラテジー14　相互性を想定せよ、もしくは主張せよ。
ⅲ Hに何らかのXに対する欲求を満たせ。
　　ストラテジー15　Hに贈り物をせよ（品物、共感、理解、協力）。

一方、ブラウン・レビンソン（2011:178-294）はポジティブ・ポライトネスを次のように挙げている。

ⅰ 直接的であれ。
　　ストラテジー1　慣習に基づき間接的であれ。
ⅱ 直接的であれ。
　　ストラテジー2　質問せよ、ヘッジを用いよ。
ⅲ Hに強要するな
　　ストラテジー3　悲観的であれ。
　　ストラテジー4　負担Rxを最小限せよ。
　　ストラテジー5　敬意を示せ。
ⅳ Hを侵害したくないというSの欲求を伝えよ。
　　ストラテジー6　謝罪せよ。
　　ストラテジー7　SとHを非人称化せよ。
　　ストラテジー8　FTAを一般的規則として述べよ。
　　ストラテジー9　名詞化せよ。
ⅴ Hの他の欲求を補償せよ。
　　ストラテジー10　自分が借りを負うこと、相手に借りを負わせ
　　　　　　　　　　ないこと、オフ・レコードで表せ。

ブラウン・レビンソン（2011）はポジティブ・ポライトネスを計15種類のストラテジーを提示しており、ポジティブ・ポライトネスを計10種類のストラテジーを提示している。

　第5章で述べたように、「確信グループ」は聞き手との良好な関係を維持するため、聞き手の意見に賛同し、聞き手の立場に気を配っている際、「他者配慮の語用的機能」を表しているのである。第5章で言う「他者配慮の語用的機能」は正に「聞き手への共感を誇張せよ、聞き手への関心を強調せよ」というストラテジーに合致しており、言い換えればここでは、ポジティブ・ポライトネスが働いて

いるのである。

　一方、「推測グループ」、「推定グループ」、「不確定グループ」は同じく聞き手との良好な関係を維持するため、自分のことを確かでないことを通じて、自分のことを防衛する際、「自己防衛の語用的機能」を示しているのである。自分のことを不確かなものにするということは、「ヘッジを用いよ」というストラテジーに合致しており、言い換えれば、ここでは、ネガティブ・ポライトネスが働いているのである。

　すなわち、推量を表す陳述副詞の語用的機能をポライトネス理論の観点からもアプローチすることができることを示唆している。本研究では、推量を表す陳述副詞の語用的機能を語用的機能の角度から捉えたが、ポライトネス理論に置き換えると、「共通基盤を想定・喚起・主張せよ」と「推定/想定するな」という二つのポライトネスから解釈できるのである。先ほど述べたように、ポジティブ・ポライトネスには 15 も種類のストラテジーが含まれており、ネガティブ・ポライトネスにも 10 種類のストラテジーが含まれている。推量を表す陳述副詞に先ほど分析したストラテジー以外に、その他のストラテジー、もしくは日本語独自のストラテジーも働いていることが十分想定され、今後ポライトネス理論を結合し、掘り下げていきたい。

　その二、他の種類の陳述副詞と比較する必要性

　本研究では、「推量を表す陳述副詞」を中心に、その機能と意味を論じたが、日本語には、陳述副詞に推量を表す陳述副詞以外に、ほかの種類のものもある。

　工藤（2016:189-191）では、叙法副詞（本研究で言う陳述副詞）を次のように分類している。

A. 願望―当為的叙法
　a) 基本叙法
　1) 依頼―どうぞ　どうか　なにとぞ　なにぶん/頼むから

2) 勧誘・申し出 etc—さあ　まあ、なんなら（なんでしたら）
b) 副次叙法
3) 願望・当為 etc—ぜひ　せめて　いっそ　できれば
　　　　　　　　なんと　か　なるべく　できるだけ
　　　　　　　　どうしても　当然　断じて

B. 認識的な叙法
a) 基本叙法
4) 感嘆・発見 etc—なんと　なんて　なんともはや
5) 質問・疑念—はたして　いったい/なぜ　どうして etc.
6) 断定—無論　勿論　もとより/明らかに　言うまでもなく
7) 確信—きっと　かならず　ぜったい（に）　断じて
8) 推測—多分　恐らく　さぞ　定めし　大方/大概
　　　　　大抵/まさか　よもや/たしか　もしや　さては
9) 伝聞—なんでも　聞けば
　　　　　　cf. D（27）情報源　〜によれば etc.
b) 副次叙法
10) 推定—どうも　どうやら/よほど
11) 不確定—あるいは　もしかすれば　ことによると
　　　　　　ひょっとしたら/あんがい
12) 習慣・確率 etc—きまって　かならず　きっと/とかく
　　　　　　　　えてして　ややもすれば
　　　　　　　　ともすると/いつも　よく/大抵
　　　　　　　　大概　普段
13) 比況—あたかも　まるで　ちょうど/いかにも　さも
14) 否定
　（i）否定判断性—けっして/まさか　よもや/断じて
　　　　部分否定性—必ずしも　一概に　あながち　まんざら
　　　　とてたて性—別に　別段　格別　ことさら
　（ii）程度限定性—たいして　さほど　さして　ちっとも
　　　　　　　　　すこしも　一向（に）　てんで/まるで

　　　　　　　　　全然　まったく
（ⅲ）動作限定性―ろくに　めったに　さっぱり　ついぞ
　　　　　　　　　たえて
　　（不可能）　とても　とうてい　なかなか　どうしても
　　（疑問詞）　なんら　なんの　なにも　なにひとつ etc.
（ⅳ）慣用的偏性―毛頭　皆目　寸分　とんと
　　　　　　　　　おいそれと（は）etc.
　　cf. 否定的傾向―所詮　どうせ　どだい　なまじ　へたに
　　（相対的センス）　まだ　もう　いまさら
15）肯定―かならず　さぞ　ぜひ
　　cf. 一般の程度副詞　ある種のアスペクト副詞
※A 行為的な叙法にも、B 認識的な叙法にも用いられるもの
　　きっと　かならず　絶対（に）　断じて/もちろん　無論
C. 条件―接続の叙法
　16）仮定条件―もし　万一　かりに/いったん/あまり
　　　よほど/どうせ　同じ
　17）仮定逆説条件―たとえ　たとい　よし　よしんば
　18）逆条件（仮定～既定）―いくら　いかに　どう
　　　　　　　　　　　　　　どんなに etc.
　19）原因・理由―何しろ　なにせ　何分/さすがに　あまり
　20）譲歩―もちろん　たしかに　なるほど　いかにも
　21）譲歩～理由―せっかく
D. 下位叙法　sub-modality
　22）確認・同意―なるほど　確かに　いかにも
　　　　　　　　　全く/道理で
　23）うちあけ―実は　実の所　実を言えば　本当は
　　　　　　　　正直（言って）
　　　思い起し―思えば　考えてみると　思い起こせば
　24）証拠立て―現に　事実　じっさい　だいいち
　　　たとえ―いわば　いうなれば　言ってみれば

25）説き起し―およそ　そもそも　一体　大体　本来　元来
　　（概括）　一般に　概して　総じて
　　まとめ―結局　畢竟　要するに　要は　つまり
　　　　　　　早い話（が）
　　（はしょり）　どうせ　どっちみち　いずれにせよ
　　　　　　　所詮　とにかく
26）予測・予期―案の定　やはり　はたして
　　　　　　　めずらしく　案外（に）
　　　　　意外にも/かえって
27）観点〜側面―正しくは　正確には　厳密には/詳しくはetc.
　　技術的には　時間的には　文法的にはetc.
　　（情報源）　によれば　に従えばetc.　cf.（9）伝聞

　上述のように、工藤（2016）は陳述副詞を願望―当為的叙法、認識的叙法、条件―接続の叙法、下位叙法と四種類に大別しており、更に種類ごとに具体的な副詞の例も挙げている。
　推量を表す陳述副詞は「認識的叙法」における「推測」と「確信」に当り、本研究では推量のみ考察してきたが、他の種類との比較研究はまだ行っていない。同じく話し手の心的態度を表すということに変わりがないことから、研究する十分に余地があると思われ、今後の更なる研究が期待される。
　その三、中国語の推量を表す陳述副詞乃至陳述副詞と比較する必要性
　周知のように、推量を表す陳述副詞は日本語のみならず、「恐怕」、「也许」のように、中国語にも多量に存在している。
　中国語にせよ、日本語にせよ、両者は共に話し手の「推量」の心的態度を表すため、統語的機能・語用的機能において共通性が存在していることが想定される。
　従来の研究では、日本語における推量を表す陳述副詞、もしくは

中国語における推量を表す陳述副詞にのみ焦点を当て、対照言語学の角度からアプローチした文献が現段階ではまだ見当たらない。

　対照言語学の角度から中日推量を表す陳述副詞を研究の対象に据え、統語的機能と語用的機能の視点から研究を進めることが有意義かつ必要になってくると思われる。

　更に、推量を表す陳述副詞にとどまらず、研究対象を陳述副詞に拡大し、対照言語学の視点から、中日陳述副詞を比較研究することも可能なのである。

　このように、推量を表す陳述副詞についての考察は、今後研究すべき箇所が多い。こうした課題を今後更に研究していきたい。

付　録

付録1　杉村（2009）推量を表す陳述副詞と共起する文末表現調査結果

	ダ/ø	カモシレナイ	ニチガイナイ	ヨウダ	ラシイ	ダロウ	マイ	古語	デハナイカ	命題使い方 一回的	命題使い方 複数的	意志用法	命令用法	勧誘用法	文末なし	その他	合計
キット	321	0	145	0	1	166	3	0	4	21	109	157	27	1	1	8	964
タブン	86	7	10	1	9	240	12	1	10	0	0	0	0	0	9	0	385
オソラク	51	7	30	0	7	303	34	3	17	0	0	0	0	0	0	0	452
サゾ	14	0	1	0	0	175	1	2	0	0	0	0	0	0	3	0	196
モシカスルト	10	84	2	0	1	1	3	0	54	0	0	0	0	0	11	8	174
ドウヤラ	61	4	0	46	73	1	0	0	6	64	0	0	0	0	2	44	301
タシカ	101	1	1	1	1	13	0	0	1	0	0	0	0	0	5	55	180
マサカ	57	1	0	0	0	52	102	0	0	5	0	0	0	0	73	134	424

付録2　工藤（2016）推量を表す陳述副詞と共起する文末表現調査結果

	するø・のだ	にちがいない	に決まっている	はずだ	だろう・まい	と思われる	でなかのはいかダロウ	らしい	と見える	ようだ・みたいだ	しそうだ	かもしれない	だろうか	せぬとは限らぬ	する節がある	計	推量以外の用法
きっと	139	38	8	3	66	12				1	4	8				279	85
かならず	17	5	2	1	11											36	146
ぜったい（に）	48															48	38
おそらく	31	18		1	112	5	10	2		1		2				182	—
たぶん	19	1		2	74		1	1			2	3				103	—
さぞ					52			1			1					54	—
おおかた	2	1			24		1									28	13
たいてい	3			1	7											11	80
たいがい	2				4											6	33
どうやら	5						1	29	10						1	46	39
どうも	13	1					6	24				1				45	385
よほど・よっぽど	6	2			7		2	12	9	3			2			43	150
あるいは					3	2	4					53	3	1		66	69
もしかすれば	2				1	1	17					30				46	—
ひょっとしたら	2						7					16	1			26	—
ことによると	1						4					7	1	1		14	—
あんがい		1			1		3	1			1	8				15	81

付録3　アンケート調査票

アンケート調査にご協力いただき、誠にありがとうございます。**「推量を表す陳述副詞の文における位置が、会話において語の使用に如何なる影響を与えるか」**という課題を研究するため、本調査を実施させていただくことになりました。また、調査のデータは研究のみに使うことも保証させていただきます。なお、所要時間は10分～15分程度(10組の会話)です。どうぞよろしくお願い致します。

性別　（　）A 男性　B 女性
年齢　（　）十代

凡例　L 話し手　R 聞き手　F フィラー

1) 【RとLは会話において会話参加者である。RはICUという大学で勉強しており、イギリスに留学した経験もある。将来教師になろうとしている。二人はそれを喋っている】

　　L：教えんの向いてそう。
　　L：ですね。
　　R：(F あ)そうですか。
　　L：(F あー)(F うーん)きっと多分
　　R：＜笑＞
　　L：生徒が付いてくるタイプだと思う。

　　問題　下線の文（L：きっと多分生徒が付いてくるタイプだと思う）では、「きっと」は文頭に置かれている。それを文末「生徒が付いてくるタイプだと思う、きっと」に置いたら、ニュアンス的に違いを感じるか。

A. とても感じる　B. 感じる　C. どちらとも言えない
D. 感じない　E. とても感じない

※AとBをお選びになった方、どうしてニュアンス的に違いを感じるか、その理由をご記述ください。

_____
_____
_____

2) 【Lは、講演者である。最近、ある知らない人が自宅のポストに雑誌を入れたりすることに困惑している。またLは、雑誌をよく購入している。この知らない人は、入れたのは、Lさんが買った雑誌ではなく、買うのをやめた方の雑誌を入れている。】

　　L：僕（Fあのー）パソコン雑誌とか買うんですけど、（Fあの）色んな雑誌が、出てて、こう色々見て、一冊買ったするじゃないですか。
　　L：すると、
　　L：買った方じゃなくて、やめた方が入ってるんです、**必ず**。

問題　下線の文（L：買った方じゃなくて、やめた方が入ってるんです、**必ず**。）では、「必ず」は文末に使われている。文頭「**必ず**、買った方じゃなくて、やめた方が入ってるんです。」に置いたら、ニュアンス的に違いを感じるか。

A. とても感じる　B. 感じる　C. どちらとも言えない
D. 感じない　E. とても感じない

※AとBをお選びになった方、どうしてニュアンス的に違いを感じるか、その理由をご記述ください。

_____

_____

3) 【RとLは会話において会話参加者であるRはアメリカに対して良くないイメージを持っている】

　　L：(Fうーん)どういう
　　L：イメージ
　　R：＜FV＞
　　R：(F(？う))(Fうー)何か
　　R：自分達が一番だと思ってんじゃないのって。
　　L：(Fあー)
　　R：文化もないくせに。
　　R：みたいな
　　L：＜笑＞
　　R：＜笑＞
　　R：自国文化ないくせにとか
　　R：＜笑＞
　　L：そうだね。**絶対**そう思う。

問題　下線の文「L：**絶対**そう思う」では、「絶対」は文頭に置かれている。これを文末「そう思う、**絶対**」に置いたら、ニュアンス的に違いを感じるか。

　　A．とても感じる　B．感じる　C．どちらとも言えない
　　D．感じない　E．とても感じない

※AとBをお選びになった方、どうしてニュアンス的に違いを感じるか、その理由をご記述ください。

_____

_____

4) 【RとLは会話において会話参加者である。RはICUで勉強している。教師になることに興味を持っている】

R：この興味を持つまではそれ程(Fま)大変な仕事っていうのも思わなかったんですけども
R：色々と向こうの
R：例えばアメリカ人ならアメリカ人の文化が見え隠れしたり、(Fまー)　こっちのそういう交流を図ることが(Fま)楽しかったことも一つですし。
L：(Fうーん)
L：(Fうーん)
L：(Fうん)(Fうん)(Fうん)(Fうん)
R：(Fうーん)
R：(Fまー)多分元々教えることも好きだったのかもしれません。

問題　下線の文「R：**多分**元々教えることも好きだったのかもしれません」では、「多分」は文頭に置かれている。これを文末「元々教えることも好きだったのかもしれません、**多分**」に置いたら、ニュアンス的に違いを感じるか。

A. とても感じる　B. 感じる　C.どちらとも言えない
D. 感じない　E. とても感じない

※AとBをお選びになった方、どうしてニュアンス的に違いを感じるか、その理由をご記述ください。

_____
_____
_____

5)【Lは講演者である。ニュージーランドへの航空券の購入の仕方を喋っている】

  L：例えば(JTB)
  L：そこに
  L：(Fまー)それこそインターネット(D2で)でアクセスしてですね、お金の受払いと航空券をですね。
  L：(Fえ)トランジットカウンターに
  L：預けてもらうとか、何とかすればですね、
  L：(Fえー)簡単に買えちゃうんですね。
  L：**恐らく**日本で（?買える）よりも遥かに安い値段で買えると思います。

問題 下線の文「L：**恐らく**日本で(?買える)よりも遥かに安い値段で買えると思います」では、「恐らく」は文頭に置かれている。これを文末「日本で(?買える)よりも遥かに安い値段で買えると思います、**恐らく**」に置いたら、ニュアンス的に違いを感じるか。

  A. とても感じる　B. 感じる　C. どちらとも言えない
  D. 感じない　E. とても感じない

※AとBをお選びになった方、どうしてニュアンス的に違いを感じるか、その理由をご記述ください。

6)【RとLはコーパスにおいて会話参加者である。Rの旦那さんは教師をしている。Rは教師の大変さを喋っている】

R：先生、大変意外と大変以外とって言うか、
R：私達の感覚だと、
L：(F うーん)
R：多分先生って
R：(F あの)休みがあって、いいなとか、夏休みとかね
L：(F うーん)(F うーん)(F うん)(F うん)(F うん)
R：あっていいなって、感じなんだけど。
L：(F うん)
R：<u>どうも見てると、夏休みは殆どないし、(F うん)休みの日(D(?いど))(F まー)今土曜日も。</u>

　問題　下線が付いた文（R：**どうも**見てると、夏休みは殆どないし、(F うん)休みの日(D(?いど))(F まー)今土曜日も。）では、「どうも」は文頭に使われているが、文末（見てると、夏休みは殆どないし、(F うん)休みの日(D(?いど))(F まー)今土曜日も、**どうも**。）に持ってくると、ニュアンス的に違いを感じるか。

　A. とても感じる　B. 感じる　C. どちらとも言えない
　D. 感じない　E. とても感じない

※AとBをお選びになった方、どうしてニュアンス的に違いを感じるか、その理由をご記述ください。

7)【Lは講演者である。池袋に住んでいることの感想を述べている】

　　L：池袋に住んでいるんだよと、友達などに言うと、(Fん)
　　L：(Fえー)大抵
　　L：いいねとか、
　　L：あるいは良くないよねとか、
　　L：いう(Dふ)二パターンに分かれます。
　　L：または、
　　L：(Fえー)変なところでは、
　　L：(Fえ)それって(Dひ)人住んでるのとか、
　　L：言われることもあります。
　　L：<u>どうやら</u>
　　L：<u>(Fえー)</u>
　　L：<u>街の雰囲気からして、</u>
　　L：<u>住宅街とかがあることが、</u>
　　L：<u>みんな信じられないようです。</u>

　問題　下線の文「L：<u>どうやら</u>町の雰囲気からして住宅街とかがあることが、みんな信じられないようです。」では、「どうやら」は文頭に置かれている。これを文末「町の雰囲気からして住宅街とかがあることが、みんな信じられないようです、**どうやら**。」に置いたら、ニュアンス的に違いを感じるか。

　　A．とても感じる　B．感じる　C．どちらとも言えない
　　D．感じない　E．とても感じない

　※AとBをお選びになった方、どうしてニュアンス的に違いを感じるか、その理由をご記述ください。

8) 【RとLは、コーパスにおいて会話参加者である。Rは五人家族の家庭で生まれた。Rの家庭では、R自身を含めて女の子が三人いる。男性はお父さんしかいない。このような家庭で生まれたRは喋ることが好きだ】

R：そう、そう、基本的にこうお喋りをするのが好きというのは、あるあるかもしれない。
L：(Fうーん)なるほどね、兄弟仲良くじゃ。
R：(Fうーん)(Fうん)
R：そうですね。
L：(Fふーん)
R：(Fうーん)
R：(Fあのー)人に話を
R：聞いてもらうのも好きなのかも、もしかすると。
L：(Fあー)
R：(Fうーん)喋るのが好きっていうことに加えて。

問題　下線の文「R：聞いてもらうのも好きなのかも、もしかすると。」では、「もしかすると」は文末に使われている。これを文頭「もしかすると、聞いてもらうのも好きなかも」に置いたら、ニュアンス的に違いを感じるか。

A．とても感じる　B．感じる　C．どちらとも言えない
D．感じない　E．とても感じない

※AとBをお選びになった方、どうしてニュアンス的に違いを感じるか、その理由をご記述ください。

_____
_____
_____

9)【Lは講演者である。プロシーディング出版のことを述べている】

  L：これ(Fえーと)
  L：今年の春(Fえーと)統数研でやったシンポジウムの
  L：プロシーディングです。
  L：(Fえ)
  L：(Fえーと)ひょっとしたら出版される
  L：予定らしいです。

 問題 下線の文（L：ひょっとしたら、出版される予定らしいです。）では、「ひょっとしたら」は文頭に置かれている。これを文末「出版される予定らしいです、ひょっとしたら）に置いたら、ニュアンス的に違いを感じるか。

  A. とても感じる B. 感じる C. どちらとも言えない
  D. 感じない E. とても感じない

※AとBをお選びになった方、どうしてニュアンス的に違いを感じるか、その理由をご記述ください。

_____
_____
_____

10)【Lは講演者である。無人島での生活を想像しつつ、喋っている】

  L：(F えー) 無人島で
  L：ひょっとしたら
  L：(D し) 新聞とか，雑誌が漂流して流れてくるかもしれない。
  L：**あるいは**(F あー) 飛行機からビラが落ちてくるかもしれない。

 問題 下線の文「L：**あるいは**(F あー) 飛行機からビラが落ちてくるかもしれない。」では、「あるいは」は文頭に置かれている。これを文末「(F あー) 飛行機からビラが落ちてくるかもしれない、**あるいは**。」に置いたら、ニュアンス的に違いを感じるか。

 A. とても感じる B. 感じる C. どちらとも言えない
 D. 感じない E. とても感じない

 ※AとBをお選びになった方、どうしてニュアンス的に違いを感じるか、その理由をご記述ください。
_____
_____
_____

他に感想などがあれば、ご自由にご記述ください。
_____
_____
_____

付録4　アンケート協力者の回答

Ⅰ　きっと多分生徒が付いてくるタイプだと思う。

① 文頭　「生徒が付いてくるタイプ」を肯定的に捉える
　　文末　（文頭）に比べると、懐疑的に捉えている
③ 文頭の方が強い
　　文末のほうは、少し弱い、発言者に確信がない
④ 「きっと」が後に来る方が自信がないように聞こえる
⑦ 前者より後者の方がより確信している度合いが強いように感じた
⑨ 前に置く場合、直後の「多分」との関係では、話し手の意見がまだ良くまとまっていない印象を受ける、後ろに置くと、「多分」で話しかけた言葉、話しているうちに、もっと積極的な肯定をした方がいいように、考え方が変化した印象を受ける
⑪ 文頭にある場合、「きっと」は「多分」にかかり、曖昧さを強調する
⑫ 文末の方が、「きっと」が肯定的だと感じる
⑭ 文末の方が、希望的なイメージ
⑯ 文末に置いたほうが、強調しているようだと思える
⑰ 「文末」に「きっと」を持ってくると、自分の発言が確実ではないことに気づき、それをごまかしたという印象が強くなる
⑲ 自分の発言に対して、自分で自分に再確認している。あるいは、自分の主張を確定的なものに、確信のあるものにしたいという気持ちが働いている
⑳ きっとが後ろに来ると、不安があるみたいな表現になる。自信がない感じ
㉑ 話し手が最初からその通りに思っていたのか、話をしているうちに、考えが変わった様に感じます＝文末にきっとがあると
㉒ きっとがないよりも強い表現になる

㉓ きっと多分より可能性が低く感じる
㉔ 文末に付けると、言った後に、付け足している感じがある
㉗ きっとが前だと優しい、後だと冷たい
㉘ 文頭は褒め言葉、文末は 多分、適当な言葉
㉙ 「A」は自分の意見として話しているが、「B」は自分の発言への責任を免れるために、付け加えた表現になっているため
㉚ 文末に「きっと」を置くと、「きっと」が強調されるため文頭に置くと、あいまいな表現になる。多分がついているから
㉛ 上は、初めから、きっと（多分）と考えて話しており、下は、話しながら、自信がなくなり、係で、きっと（多分）となっている
㉜ 文末に置くことで、内容の確信が弱く受け止めれる「教え方が向いてる」と言っておきながら、「きっと多分」はおかしい。私なら、「絶対そう思う」など言う
㉞ 「きっと」が文末に付くと、後から自分の発言に自信が無くなったようじ感じる
㉟ 文頭は予想、文末は結果を意味する感じになる
㊱ 文頭は確信的に感じ、文末はそうではないかな？と予想に感じる
㊲ 強調される
㊳ 前→大丈夫　後、「きっとね多分」
㊴ Rの身になると、前に置くと、自信がつきそうな感じだが、後ろに付くと、少し不安な感じになる

Ⅱ　買ったほうじゃなくて、やめたほうが入ってるんです、**必ず**。

① 修辞的な問題な気がします。文末の方が効果的な話し方、聞き手を引き込む話し方である印象があります
② 前にあったほうが、「必ず」が強調される
⑤ 文頭の方が、「必ず」の意を強く感じる
⑥ 文末の方が、「これひどくないか？」と強調したい意図がある

⑦ 意味自体に違いがないが、文末に使用した方がより恐怖心を感じる
⑨ 前に置くと、「必ず」の被修飾語が遠すぎて、文意がわかりにくく感じる
⑩ 「必ず」を文頭に置くと、文末に置いた場合よりも、やめた方が入っているための嫌悪感が少ない
⑭ 前者のほうがナチュラルだ
⑱ 「必ず」の強さに違いを感じる
⑲ 後に置いた場合は非難したい気持ちを強調している感じ
㉒ 「必ず」が最後に来ると、印象に残る
㉓ 文末の方が強く受け取る
㉔ ニュアンス以前に言っていることが分からない
㉖ 「必ず」という言葉をこのセンテンスで使うことがおかしいと感じます
㉙ Aは「必ず」が強調されているニュアンスに対し、Bはやめた方が入っていることを強調している。「—しかも必ず。」とすると、Bの方が「必ず」を更に強調した雰囲気が出る
㉚ 文末に「必ず」を置くと、「必ず」が強調される
㉛ 「必ず」を強調したい時は、文頭に。重要な言葉である「必ず」が文末に行くのはおかしい
㉜ 文末に置くことで、内容の確信が弱く受け止めれる
㉝ 必ずを先に言わないと、相手に対してのインパクトが伝わらない
㉞ 「必ず」が文末に付くことで、強調が強くなっているようじ感じる
㉟ 文頭は結果を意味する感じだが、文末には使われることはまずない
㊲ 強調される
㊵ 文末に来るほうが、「必ず」が強調される気がする

Ⅲ **絶対**そう思う。

① 「文頭」があるのは許容できる
　　「文末」は文頭より強い強調効果を持つ
② 後に置くと、念を押しているイメージが強まるので、後者のほうが、絶対の割合が強くなる
④ 「文頭」のほうが、確信をもって話していると思う
⑤ 「文末」のほうが、弱いニュアンスに聞こえる
⑪ 倒置法で後ろに置かれた「絶対」の方が強調されて感じる
⑫ 文末の方が、絶対が強いと思う
⑱ 「絶対にそう思う」だと、「本当に強く思っている」の意味だから、「そう思う、絶対に、」だと、「そうに違いない」くらいの意味から
㉒ 「絶対」が最後に来ると、印象に残る
㉓ 文末の方が強く受け取る
㉔ 一回よかったら、更に強調している感じがする
㉕ 前の絶対は、皆さんもそう考えるという感じ。後は念を押す感じがする
㉘ 文末は、絶対を強調している。文頭は自分の思い
㉙ Aは自身がすでに「そう思って」発言している
　　Bは自身が発言した「そう思う」に対し、自分が承認を行っている
㉛ 上は、言葉を発するから、「絶対」と考えいる
　　下は、話しながら、後で頭の中に、「絶対」が出てきた感じ
㉝ 絶対を先に言わないと、相手に対してのインパクトが伝わらない
㉞ 「絶対」を文末に付けることで、より「絶対」を強調したいようじ感じる
㉟ 文頭は予想、文末は確信
㊱ 文頭はほかの人の意見に同意的に感じ、文末は、間違いないと思っている感じ
㊲ こんな表現しない

Ⅳ **多分**元々教えることも好きだったのかもしれない。

① 文末の方が、「多分」が持っている「不確かさ」を表す機能が強く現れている
② 「多分」は推量なので、前に置いたほうが推量が強い
③ 語尾に「多分」を付与すると、より自信のなさを感じる
④ 文頭は、自分の意思を伝えている気がする、文末は、第三者的なニュアンスに感じる、周りの人からすると、そう見えるかもと自分で思っている
⑥ 後に置いたほうがまだ考えがまとまっていない印象を受ける
⑦ 後者は冗談めかすようなニュアンスを感じる
⑨ 後ろに置くと、自分が話しているうちに、だんだんと自信がなくなってきて、最後に「多分」で、少しその自信の無さを表しているような印象を受ける
⑩ 「多分」を文末に置くと、「教えることが好きだった」という意識に対し少し自信がないように感じる
⑫ 文末だと、その前の文の印象が弱くなる気がする
⑮ 文末の方が、「多分」に意識がいく
⑱ 後ろのあると、自信がなさそう
⑳ 自分の発言に自信がない感じがする
㉑ 好きだったのかもという文章になっているので、多分がどこについても変わらない
㉒ 話しながら、断定できない表現をしたいと思った場合に、こういう言い方になる
㉓ この場合、日本語として、日常的な使い方は文末に付けて使わない。あえて言うなら、強調されていると感じる
㉔ 多分とかもは、どちらも推定の意味なので、こういう使い方はしないと思う
㉖ 「多分」は「もともと教えること」につながっているので、文

末では、意味が伝わらない
㉘　文末は本心で無く、適当に思って言っている
㉙　Aは、自分の意見として話しているが
　　B（文末）は自分の発言への責任を免れるために、付け加えた表現になっているため
㉚　文末に置くと、しれませんと多分が繰り返されることで、よりあいまいになっている
㉛　上　始めから「多分」が含まれた文を頭で考え、発している
　　下　話しながら、考えていて、後で自信がなくなり、「多分」〜
㉜　文末に置く事で、内容の確信が弱く受け止めれる
㉝　文末に置き換えるのも違和感あるし、多分より「おそらく」などの言葉を先に付けた方が良い
㉞　「多分」が文末に付くことで、自分の発言に自信が無くなったように思える
㊲　強調される（文末に置かれると）

Ｖ　**恐らく**日本で買えるよりも遥かに安い値段で買えると思います。

①　文頭の場合、聞き手のことを尊重する
　　文末の場合　日本より安い値段で買えるかどうか分からない
②　「多分」は推量なので、前に置いたほうが推量が強い
④　文頭の方がはっきりしていて、文末の方があまり自信がないと感じる
⑤　文末の方がより自信がないように聞こえる
⑥　文末に置くほうが、自信がない、文頭の方はほぼそうだと思うというニュアンス
⑨　後ろに置くと、自分が話しているうちに、だんだんと自信がなくなってきて、最後に「恐らく」で、少しその自信の無さを表しているような印象を受ける
⑪　後ろに置かれたほうが強い

⑫　文末に置くと、「恐らく」の意味が強くなると思う
⑮　文末の方が、「断言できない」という気持ちを感じる
⑰　文末だと、自分の発言に自信がない印象が強くなる
⑲　前に置いた方が、発言の前に頭の中が整理されている感じがする
⑳　自分の発言に自信がない感じがする
㉒　文末に来ると、信頼性がない情報と感じやすい
㉓　文末の方が可能性が低いことを強調している
㉔　意味は同じだが、違和感を感じる
㉕　後に「恐らく」を置く方が自信がない感じがする
㉖　長い文章で、文末に「恐らく」を置くと、どのセンテンスにかかるかわかりにくい
㉘　文末は適当になっている。責任感を感じない
㉙　Aは、自分の意見として話しているが
　　B（文末）は自分の発言への責任を免れるために、付け加えた表現担っているため
㉚　文末に置くと、思いますと恐らくが繰り返されることで、よりあいまいになっている
㉛　上　「恐らく」を考えての発言
　　下　話しながら、「恐らく」を考え発言
㉜　文末に置くことで内容の確信が弱く受け止めれる
㉝　恐らくは先に言わないと、インパクトがなくなるので
㉞　「恐らく」が文末に付くと、自分の発言に自信が無くなったように感じる
㊲　強調される
㊳　前→多分、後→わからないが（弱い）

Ⅵ　どうも見ていると、夏休みはほとんどないし、休みの日、今土曜日も。

①　文末の場合　非文

② 文末に置くと、「どうも」がどこにかかってくるのか、分からない
③ 語尾には、ほとんど使わない
④ 文末に来ると、あまり何を意味しているか分からない
⑥ 文頭既に知っている　文末は考え込む印象
⑦ 後者は、土曜日に何か忙しい用事があるようなニュアンスをより強く感じる
⑧ どうも最後に来ると、文の意味が少しわからなくなる
⑨ 非文
⑪ 後ろに置かれたほうが強い
⑮ 文末の方が不自然な気がする
⑰ おかしい
⑳ どうもが最後に来るとどうもの後に文章が続くように思える
㉑ 　日本語になっていません。意味が分かりません。
㉒ 日本人は、「どうも」を文末に付けることは少ない
㉓ 日本語の使い方として、文末に使わない、あえて言うなら、強調されていると感じます
㉔ こういう使い方をしないから
㉕ 後に、「どうも」を付けると、意味が伝わらない
㉖ 意味がわからなくなる
㉗ 意見が分からない
㉘ 文になっていない
㉙ Bは日本語文章として正しくない
㉚ こういう言い方はしないため
㉛ 文章の意味が分からない
㉝ 「どうも」を最後にすると、文章になってない
㉟ 文頭は予想、文末はあいさつみたいな感じに捉えられる
㊱ 文頭は実際に見た感じ、文末は意味がない
㊲ 使わない

Ⅶ　どうやら町の雰囲気からして、住宅街とかがあることが、みんな信じられないようです。

① 文末にある方が、より不確実な印象がある
② 文末に置くと、「どうやら」の意味合いが薄くなる
⑨ 後ろに置くと、自分が話しているうちに、だんだんと自信がなくなってきて、最後に「どうやら」で、少しその自信の無さを表しているような印象を受ける
⑮ 「どうやら」は文末に使われるのは不自然だ
⑲ 後に置いた場合は、言ったあとで、「あ、少し言い過ぎた」と婉曲化を図りたいニュアンスを感じる
㉑ 文末にある方が、みんなの意見をより注視しているようじ感じる、しみじみ感じがある
㉒ 文末に来ると、信頼性がない情報と感じやすい
㉓ 日本語の使い方として、文末に「どうやら」を置いて、使わないです、あえていうなら、文末のほうが強調されていると感じます
㉔ 最後につける言葉じゃない気がする。文末につけるくらいならいらない
㉕ 「どうやら」を最後に使うと、あやしい、推測は初めにつけるべき
㉖ 意味が伝わらない
㉗ 通常、どうやらは、後ろには付けない
㉘ 文末は、まだ話が続きそう
㉙ Bは、日本語文章として正しくない。話し言葉なら、「みんな信じされないようですよ、どうやら」はありうる
㉛ 上　考えてから発言
　　下　話している途中で、「どうやら」と思った
㉝ 最後に「どうやら」と言うと、今まで話した内容が薄くなる
㉟ 文頭は、そう感じているという意味合い、文末は、そう感じているのではないかという意味合い

㊲　使わない

Ⅷ　人に話を聞いてもらうのも好きなのかも、**もしかすると**。

②　前にあったほうが普通の喋り方に聞こえる
⑦　文頭に使用すると、この文章で結論づいたようにも感じるが、文末に使用すると、うまく言えないが、より会話が続いてく、盛り上がっていく気配を感じる
⑭　聞いてもらうのも好きなのかも、もしかすると話に含みを持たせて、もっと会話が続いていく
⑯　「もしかすると」はあまり文の終わりに用いない
⑳　「もしかすると」が最後に来るのは、文章の終わりを感じさせない
㉑　好きなのかもと言っているので、「もしかすると」がどこに付こうが関係ない
㉒　文頭の方が自然な表現
㉓　文末のほうが強調していると感じる
㉕　仮定を文末に置くのは違和感がある
㉗　通常は前に付ける
㉘　文頭は自分の意見、文末は疑問的
㉙　Bは言葉として気持ちが悪い。「もしかして〜かも」しか使わない
㉚　文末に置くと、言ったあとで、自信が無くなって付け加えるという感じ
㉛　上　言った後、「もしかすると」と思った
　　下　頭で考えてからの発言
㉝　もしかするとは文頭にしないと、文章にならない
㉞　「もしかすると」が文頭にあると、思いつきで発言しているように聞こえる
㊲　強調される

Ⅸ　ひょっとしたら出版される予定らしいです。

① 文末にある方が、「ひょっとしたら」（もしかしたら）という意味が強い印象がある
③ 文頭、文末の差は書き文字では、間を伝えるニュアンスに取れる
⑤ 文末の方が、出版される可能性が低そうに感じる
⑦ 前者は噂話のような口振りだが、後者は期待感を煽るような口振りである
⑨ 後ろに置くと、自分が話しているうちに、だんだんと自信がなくなってきて、最後にひょっとしたら」で、その自信の無さを表しているような印象を受ける
⑩ 「ひょっとしたら」を文末に置くと、文頭に置いた場合よりも、出版される可能性が少ないというニュアンスを感じる
⑳ ひょっとしたらが最後に来るのはおかしい
㉑ 文頭にひょっとしたらがある方が、出版される可能性を感じます
㉒ 文末に来ると、信頼性がない情報と感じやすい
㉓ 文末のほうが強調されていると感じる
㉔ 文末において使わないと思うから
㉙ 「ーひょっとしたら」とは言わない。「ー、もしかしたら」なら、違和感はない
㉛ 上　考えてからの発言
　　下　話しながら「ひょっとしたら」と思った
㉝ 「ひょっとしたら」を最後にすると、文章になってない
㉞ 「ひょっとしたら」が文末にあると、自信がなく聞こえる
㊱ 文頭は憶測で言っている感じ、文末は思い込みで言った後、ごまかした感じ
㊲ 強調される

付　録　・233・

X　あるいは、飛行機からビラが落ちてくるかもしれない。

② 「あるいは」は前の文と連動しているので、前にあったほうがいい
③ 文頭、文末の差は書き文字では、間を伝えるニュアンスに取れる
④ 文末に来ると、他にも何かがあるように感じる
⑩ 「あるいは」を文末に置くと、文頭に置いた場合よりも、ビラが落ちてくる可能性が少ないというニュアンスを感じる。
⑬ 「あるいは」が文末にあると、文法が変だと思うから
⑮ 「あるいは」は後にまた文が続くのかと思った。
⑯ 「あるいは」は文の終わりに置くのは日本語としておかしい
⑱ 日本語として、少し違和感がある
⑳ 最後のあるいはの言葉のあとに、何かがついている気がして文章が続くかのように感じる
㉑ あるいはは普通文頭に置かれて、前の文章内容に対して、もう一つの話を導く接続語です。なので、文末に置かれると、まだ話が続くのかと思ってしまいます
㉒ 文語的な言い方に感じる
㉓ 日本語としてあまり文末には使わない。あえていうなら、「あるいは」が強調される
㉔ 文末に置くくらいなら、いらないと思うから
㉕ 文末に置くと、意味が伝わらない
㉗ 後ろには付けない
㉘ 文末は、話が続きそう
㉙ Aは「新聞、雑誌」に対し、「ビラ」と同位置の関係を示しているが、Bは、「ビラ」に対し、同位置を表現できていない。この手法は高度な文学表現を行っているため、ニュアンスが全く異なる
㉚ 前の文とのつなぎ言葉なので、文末に置くと、意味がわからな

くる
㉛ 文末の「あるいは」は文章としてそもそも不成立
㉝ 文章になってない
㉞ 話の流れからして「あるいは」が文末に来るのはおかしい。日本語が下手だと感じる
㉟ あるいはは違い意味を表現する接続語なので、文末に使われることはない
㊱ 文頭は文章となっているが、文末はあまり日本語として使わない
㊲ 使わない
㊳ 前→オッケー、後、あるいは→何？？

付録5　フィラーに関する研究

　話し手は推量を表す陳述副詞を使う際、何らかのフィラーを伴う。従来の研究では陳述を論ずるとき、フィラーは注目されていなかった。
　論述を展開する前に、まず山根（2002）の定義を見ておこう。山根（2002）では、フィラーについて、次のように定義している。

　それ自身命題内容を持たず、かつ他の発話と狭義の応答関係・接続関係・修飾関係にない、発話の一部分を埋める音声現象（山根2002:49）

　そのうえ、フィラーの種類を、以下のように分類している。（山根2002:49-51）

(1) 母音型：母音「ア」「イ」「ウ」「エ」「オ」と、それらの母音が伸びた「アー」「イー」「ウー」「エー」「オー」。ただし、「あ　そう」のような相づちの「あ」は含めない。
　　例(2-20) <u>エー</u>、まずちょっとこれ　ざっと読んでみますと(《1》)
(2) あいまい母音型：「ア」「イ」「ウ」「エ」「オ」のいずれの母音にも分類できないあいまいな母音。多くは「ア」と「エ」の中間のような音。長短2種類がある。一拍相当の短いものを「*」、2拍相当の長いものを「**」で記す。
　　例 (2-21) 歌人でアララギの　<u>**</u>　リーダーでもいらっしゃいました。（《3》)
(3) エート型：「エート」「エートー」「エット」「エットネ」など、「エト」の間に長音・促音が挿入されたり、助詞が付加されたりしたもの。
　　例 (2-22) <u>エット</u>　お尋ねしたいんですけれども（《26》)
(4) コーソー型：「コ（ー）」、「コーネ」「ソ（ー）」「ソー

ネ」など、「コ」、「ソ」の長短、「コー」「ソー」の後に助詞が付加されたもの。「こう　友だちがいつも担いで」のように、話し手が動作などでその状態を示すときに使用される「こう」は含めない。また、応答の冒頭に来た「ソーデスネ」は、相づちととらえ含めていない。

　　例（2-23）すごく　　コー　　リーダーんなって　でその彼女が私にね。（《19》）

(5) コソア型：人や物、直前の発話で述べられたことを指示する以外に用いられる「コノ（ー）」「ソノ（ー）」「アノ（ー）」。長短二種類がある。「アノネ」など助詞が付加されたものも含む。

　　例（2-24）規格住宅であれば　　アノ　　お客様から注文たくさん言わなければ。（《2》）

(6) ナンカ型：「ナニ」「ナンカ（ー）」「ナンテューノ」「ドーユーカ」など、疑問詞を含むもの。「ナンカネ」のように助詞が付加されたものも含む。「ナニ」「ナンテューノ」などについては、聞き手への問いかけているのではなく、自問しているもののみを含め、また「ナンカ」については、「なんか食べたい」のような「なにか」が不特定な物やことを表している場合は含めない。

　　例（2-25）だから　　ナンテューノ　　ンー　その人にはその人に合った（《22》）

(7) ネー型：「ネ」「イヤ」「ハイ」など、話し手が聞き手の注目を集めようとして用いるもの。長短二種類がある。否定や話し手の感情表出の「いや（あ）」は含めない。

　　例（2-26）これぐらいの長さがいるん　　ネー　　のどの奥へポトンと入れたら。（《8》）

(8) ハイ型：「ハイ」「ウン」「ホン」「フン」など、相づちと同じ言語形式だが、相手に対して打たれるのではなく、納得したり、理解したりしたときに自分めあてに打つもの。「ウ」と「ン」、「ホ」と「ン」、「フ」と「ン」の間に長音が挿入されるもの

も含む。

　　例（2-27）はい、任せましょう。<u>ウン</u>（《25》）
(9) マー型：「マ（ー）」「マーネ」など、「マ」の長短、「マー」の後に助詞が付加されたもの。「まあ　きれい」のように感情や驚きを表す「まあ」は含めない。

　　例（2-28）そんな中で<u>マ</u>　ここに　<u>マー</u>　対決をする二つの
　　　　　　　グローバリズム（《4》）
(10) モー型：「モ（ー）」「モーネ」など、「モ」の長短、「モー」の後に助詞が付加されたもの。「もう五時だ」のように「既に」の意味を持つもの、「もう来るだろう」のように「じきに」の意味を持つもの、「もう一つどうぞ」のように、「更に」の意味を持つ「もう」は含めない。

　　例（2-29）<u>モ</u>　その中でも　<u>モー</u>　ほんとじっと耐えながら
　　　　　　　（《18》）
(11) ンー型：「ン（ー）」、「ンートネ」「ウーン」「ウーント」など、「ン」の長短および「ウーン」と、それらの後に、「ト」や「ト」と助詞が付加されたもの。

　　例（2-30）いつも　<u>ンー</u>　先生に呼ばれては　アノー飛べない
　　　　　　　から叱られる。（《5》）

　このように、日本語において、11種類ものフィラーがこれだけ数多くある。しかし、従来の研究では、この点について次の二つの問題はまだ明らかにされていない。

　Ⅰ これだけ種類も数量もたくさんあるフィラーは、話し手が推量を使う際、如何に分布しているのか、どの種類のフィラーが多く出現しているのか、言い換えれば、**会話における話し手は推量をする時のフィラーを把握することが必要になってくる**と思われる。
　Ⅱ 推量を確信、推測、推定、不確定に分けており、更に、各グルー

プにおいても、それぞれ分類されているが、各グループの間、もしくは、各グループ内で、フィラーの使用において、共通点と相違点があるか否か、あるとすれば、具体的に如何にどうなっているのか。言い換えれば、**各グループの間、もしくは各グループの内におけるフィラー使用の共通点と相違点を把握することが必要になってくる**と思われる。

上述の問題点を解決するため、フィラーが数多くある中、話し手が推量を表す陳述副詞を使う際、フィラーの使用状況を把握することが有用だと思われる。

これから、推量を表す陳述副詞毎に、共起するフィラーを見ていきたいと思う。

一、「きっと」と共起するフィラー

統計によると、「きっと」が使われる 432 例のうち、182 例は、「フィラー」を使っており、42.1%を占めるということが分かる。このことから、実際、話し手は「きっと」を使うとき、四割ほどの場合は、「きっと」のほかに、何らかのフィラーを使うということが窺える。更に、「フィラー」についてであるが、統計によると、「きっと」と共起するフィラーは「あ」、「あの」（あーのー）、「う」、「うーん」、「えー」（えーと）、「お」、「そのー」、「ま」、「んー」と 9 種類あり、全部で 301 回出現した。このうち、出現率が上位 5 位のフィラーを付表 1 にまとめた。

付表 1　「きっと」と共起するフィラーの出現率の上位五位

フィラー	出現数	出現率
あの	112	37.2%
ま	53	17.6%
えーと	45	15.0%
ん	29	9.6%
その	22	7.3%

二、「必ず」と共起するフィラー

　統計によると、「必ず」が使われる787例のうち、384例は、「フィラー」を使っており、48.8%を占めるということが分かる。このことから、実際、話し手は「必ず」を使うとき、五割弱の場合は、「必ず」のほかに、何らかのフィラーを使うということが窺える。更に、「フィラー」についてであるが、統計によると、「必ず」と共起するフィラーは「あ」、「あの」（あーのー）、「あれ」、「い」、「いや」、「う」、「うーん」、「えー」（えーと）、「お」、「そのー」、「ま」、「んー」と12種類あり、全部で685回出現した。このうち、出現率が上位5位のフィラーを付表2にまとめた。

付表2　「必ず」と共起するフィラーの出現率の上位五位

フィラー	出現数	出現率
えーと	254	37.1%
あの	192	28.0%
ま	90	13.1%
その	49	7.2%
あ	35	5.1%

三、「絶対」と共起するフィラー

　統計によると、「絶対」が使われる654例のうち、224例は、「フィラー」を使っており、34.3%を占めるということが分かる。このことから、実際、話し手は「絶対」を使うとき、三割の場合は、「絶対」のほかに、何らかのフィラーを使うということが窺える。更に、「フィラー」についてであるが、統計によると、「絶対」と共起するフィラーは「あ」、「あの」（あーのー）、「い」、「いや」、「う」、「うーん」、「えー」（えーと）、「お」、「こう」、「そのー」、「なんか」、「ま」、「んー」と13種類あり、全部で327回出現した。このうち、出現率が上位5位のフィラーを付表3にま

とめた。

付表3 「絶対」と共起するフィラーの出現率の上位五位

フィラー	出現数	出現率
あの	94	28.7%
えーと	80	24.5%
ま	52	16.0%
ん	27	8.3%
その	26	8.0%

四、「多分」と共起するフィラー

　統計によると、「多分」が使われる1558例のうち、852例は、「フィラー」を使っており、54.7%を占めるということが分かる。このことから、実際、話し手は「多分」を使うとき、半数以上の場合は、「多分」のほかに、何らかのフィラーを使うということが窺える。更に、「フィラー」についてであるが、統計によると、「多分」と共起するフィラーは「あ」、「あっ」、「あの」（あーのー）、「あれ」、「い」、「いや」、「う」、「うわ」、「うーん」、「えー」（えーと）、「お」、「こう」「その（ー）」、「なんか」、「ふーん」、「ま」、「んー」と17種類あり、全部で1500回出現した。このうち、出現率が上位5位のフィラーを付表4にまとめた。

付表4 「多分」と共起するフィラーの出現率の上位五位

フィラー	出現数	出現率
えーと	424	28.3%
あの	370	24.7%
ま	324	21.6%
その	99	6.6%
ん	89	5.9%

五、「恐らく」と共起するフィラー

　統計によると、「恐らく」が使われる449例のうち、316例は「フィラー」を使い、70.4％を占めることが分かる。このことから、実際、話し手は、「恐らく」を使うとき、七割以上の場合、「恐らく」のほかに、何らかのフィラーを使うということが窺える。更に、「フィラー」についてであるが、「恐らく」と共起するフィラーは「あ」、「あっ」、「あの」（あーのー）、「い」、「う」、「うーん」、「えー」（えーと/えっと）、「おー」、「その（ー）」、「ま（ー）」、「んー」と11種類あり、全部で789回出現した。このうち、出現率が上位5位のフィラーを付表5にまとめた。

付表5　「恐らく」と共起するフィラーの出現率上位五位

フィラー	出現数	出現率
えーと	279	35.4%
ま	162	20.5%
あの	132	16.7%
その	75	9.5%
あ	43	5.4%

六、「どうも」と共起するフィラー

　統計によると、「どうも」が使われる例は655例のうち、383の例は、「フィラー」が使われ、58.7％を占めるということが分かる。ということは、実際、話し手は「どうも」を使うとき、半数以上の場合は、「どうも」のほかに、何らかのフィラーを使うということが窺える。更に、「フィラー」についてであるが、「どうも」と共起するフィラーは「あ」、「あっ」、「あの」、「い」、「う」、「うーん」、「え」、「おー」、「その」、「なんか」「ふーん」、

「ま」、「んー」と全部13種類、全出現数は778例である。このうち、出現率が上位5位のフィラーを付表6にまとめた。

付表6　「どうも」と共起するフィラーの出現率の上位五位

フィラー	出現数	出現率
えーと	272	35.4%
あの	135	17.4%
その	125	16.1%
ま	85	10.9%
ん	43	5.5%

七、「どうやら」と共起するフィラー

　統計によると、「どうやら」が使われる例は69例のうち、42の例は、「フィラー」が使われ、60.9%を占めるということが分かる。ということは、実際、話し手は「どうやら」を使うとき、半数以上の場合は、「どうやら」のほかに、何らかのフィラーを使うということが窺える。更に、「フィラー」についてであるが、「どうやら」と共起するフィラーは「あ」、「あの」、「えーと」、「おー」、「こう」、「その」、「何か」、「ま」、「ん」と全部9種類、全出現数は42例である。このうち、出現率が上位5位のフィラーを付表7にまとめた。

付表7　「どうやら」と共起するフィラーの出現率の上位五位

フィラー	出現数	出現率
えーと	17	33.3%
ま	9	21.4%
あの	5	11.9%
何か	3	7.1%
ん/あ/その	2	4.8%

八、「もしかしたら」と共起するフィラー

統計によると、「もしかしたら」が使われる294例のうち、120例は、「フィラー」を使っており、40.8%を占めるということが分かる。このことから、実際、話し手は「もしかしたら」を使うとき、半数以下の場合は、「もしかしたら」のほかに、何らかのフィラーを使うということが窺える。更に、「フィラー」についてであるが、統計によると、「もしかしたら」と共起するフィラーは「あ」、「あっ」「あの」（あーのー）、「あれ」、「う」、「うーん」、「えー」（えーと）、「その（ー）」、「なんか」、「ふーん」、「ま」、「んー」と12種類あり、全部で153回出現した。このうち、出現率が上位5位のフィラーを付表8にまとめた。

付表8　「もしかしたら」と共起するフィラーの出現率の上位五位

フィラー	出現数	出現率
えーと	48	31.4%
あの	39	25.5%
ま	20	13.1%
その	14	9.2%
あ	13	8.5%

九、「ひょっとしたら」と共起するフィラー

統計によると、「ひょっとしたら」が使われる82例のうち、76例は「フィラー」を使い、92.7%を占めることが分かる。このことから、実際、話し手は、「ひょっとしたら」を使うとき、九割以上の場合、「ひょっとしたら」のほかに、何らかのフィラーを使うということが窺える。更に、「フィラー」についてであるが、「ひょっとしたら」と共起するフィラーは「あ」、「あの」（あーのー）、「い」、「う」、「うーん」、「えー」（えーと/えっと）、「おー」、

「こう」、「この」、「その（一）」、「ま（一）」、「もう」、「んー」と12種類あり、全部で85回出現した。このうち、出現率が上位5位のフィラーを付表9にまとめた。

付表9 「ひょっとしたら」と共起するフィラーの出現率の上位五位

フィラー	出現数	出現率
えーと	23	27.1%
あの	22	25.9%
ま	19	22.4%
あ	12	14.1%
その	5	5.9%

十、「あるいは」と共起するフィラー

　統計によると、「あるいは」と共起するフィラーは「あ」、「あの」、「えー」、「おー」「ま」と五種類あり、全部で19回出現した。このうち「あの」、「えー」は二つとも5回出現し、使用率が最も高いことが分かる。

　会話において、形式上推量を表す陳述副詞は共起する文末表現のほか、フィラーもよく使われていることが観察される。本研究では、フィラーの観点から、推量を表す陳述副詞の考察を試みた。

　考察した結果、話し手は推量を表す陳述副詞を使う際、「エート」型、「コソア型」、「マー型」、「ンー型」を使う確率が高いということが判明できた。だが、今後、これらの使用傾向が各語の使用にどのような意義を付与するのかについては、更に検討する余地があると思われる。

付録6 語例収集

一、pが「けど節」である場合

(1) 多少毎年一遍ぐらいは、(F あの) 二三日ずつおっきな山へ日本の山へ登っておったんですけれども、**きっと**よほどその時には、気が付かなったんでしょうけど。

(2) (F あのー) イクイリブリアムのシステムになるかという問題ですけれども、これは**必ず**なります。

(3) 最初も述べたんですけど、**絶対**に世界の中で平和の動きを願ってない人はいないと思うんですね。

(4) (F ま) (F あの) 従来、その発話内容の話者識別っていうのは、(F あの) AVQ コードブックを使う例っていうのが、(F ま) あるんですが、**多分**、この AVQ の代わりに使えば、(D よろ) いいんじゃないかと、(F ま) そういうふうに考えた訳です。

(5) それから、三番目の ICLE ですけれども、これはベルギーのルーバンカトリック大学で、行われてまして、**恐らく**、世界で最もエラーアナリリクスを積極的に行っているものだと。

(6) 毎年、行われている恒例のイベントなんですけれども (F えー) 昔から**どうも**行われているらしくて。

(7) で、その前にですね、(F えー) たくさんの、こう人が、こう、並んでる訳なんですが、**どうも**ですね、(F えー) これは、女神で、

(8) 色んな楽器あるけれども、人の声っていうのは、**ひょっとすると**、凄い楽器なんじゃないかということに、ある日、こう、ある日というのは、(F その) あるアカプラの歌をこう耳にした時だったんでれけどもね。

(9) で (F えーと) 九十四年 (D (?ん)) に (R××) 先生が (F (?ん)) (F あの) 御提案された先ほどもお話ございましたが、状況依存

焦点モデルというのが、**ひょっとすると**こういったものを統一的に説明できるものではないかという風に（Fあの）御提案されている訳です。

二、pが「て」節である場合

(1) やはりできたばかりということもあって、**必ず**、行列ができていて。
(2) （Fま）何人かイギリス行ったことある人と話して、**必ず**このブーツの話が出るんですね。
(3) 入試の日（Fえー）案の定、とちりまして、**絶対**この落ちたと思っていたんですけれども。
(4) 何か、水が好きって言うか、そういうのがあって、それが、**多分**、競艇が好きな（Fえー）一つの理由ではないかと思うんですけれども。
(5) （Fえー）物々交換やっていて、そのうちの一つは、**多分**（Fその）（Fまー）アスファルトだろうと。
(6) （Fあの）自分を激励して、**多分**、いき、いけるのではないと思います。
(7) 焼く前に一度これをさっと熱湯で茹で上げまして、（Fえー）**恐らく**、それが原因と言いますか。
(8) （Fえ）海辺で、半日午前中、ずっと遊んでまして、**どうも**何か、男ばっか三人で、キャッチボールやったり、泳いだりしても、全然何か、いまいち、こう血が騒がないなということになりまして
(9) で、色々ASD法を何度か（Fあの）やってみて、**どうも**ASD法の役割というのは、（Fあの）（Fその）評価能力の高いというのを抽出して、
(10) あたし達が、判断する場合には、留学生の発話、発表を聞いて、話し方を聞いてみて、**どうも**アクセントがおかしい。

(11) その会社の人から、メールが来ていて、にこにこしながら、説明を聞きましたねと書いてあって、**どうやら**、その説明を聞いているときの学生の行動っていうのを、向こうが見ていて、それを何か色々チェックしていたようです。

(12) （F えとー）冷蔵庫の中とかも、凄い整理整頓されていて、（F えー）うちの父が**どうやら**やっているみたいなんですけれども。

(13) （F ま）（F その）開けてみて、実際に**もしかしたら**悪性かもしれないので。

(14) お巡りさんを読んではいたんですが、追いかけたことを話したところ、お巡りさんに後でとても酷く怒られまして、**もしかしたら**、刺されたかもしれないじゃないかと

(15) で、その影響ってのは実はかなりのかなり（F えー）後まで続いて、（F まー）**ひょっとしたら**、今でもそういうものは僕の中にあるかもしれないけども。

(16) 黒田節を教えて、紋付き袴と舞扇を持たせて、学校に送り出したんです。そのことが思い出されて、**ひょっとしたら**、この舞台で、このでこぼこの危ない舞台で、息子は踊らされたのかしら、

(17) まだまだ（F えー）これ以外にも色んな（F その）厚生事業の（F ま）これは明らかに失敗だと思うんですけど、こういうものも何か（D すー）（D す）数理的なものを使って、**ひょっとしたら**、予測できたんじゃないかということを考えられます。

三、pが「と」節である場合

(1) 高齢者用の、何か、（D く）そういうものも開発してもらえたら、（D ?え）**きっと**、高齢者の孤独感はなくなるんではないかな。

(2) 今振り返って考えてみると、（Fあの）色々な事件がなければ、全く私は、**きっと**、（Fあの）研究にも向かっていなかったんだろうと思います。

(3) その点滅に気付くと、**必ず**こう首を振り向いて赤ランプの方を見てくれます。

(4) （Fあの）（Fま）当然終戦になりますと、人民裁判てのが**必ず**各地である訳っすね。

(5) シュワが入るとしたら、流音鼻音の直前に**必ず**、シュワが入ります。

(6) やれば、**必ず**、みんなできるん（？ですね）

(7) ギターを弾いて、（Fまー）そういうのを音にしていったら、**絶対**（Fまー）いい曲も生まれると。

(8) パチンコに行ったら、**絶対**みんな吸っているんですね。

(9) 日本なら、**絶対**、入れないですね。

(10) （Fま）鳥からしてみたら、**多分**、私を親だ、親だと思ってみていたのに。

(11) そこで、自分で、こう実感として、何かを掴んでいかなければ、（Fん）その土地を好きになることも**多分**、ないんじゃないかなと思ってます。

(12) 孤独な（Fえー）無人島暮らしを続けていくと、**多分**、精神的にも参っちゃうと思うんですよね。

(13) （Fま）概略の、（Fその）要求が決まったらば、すぐに飛んでいって、**多分**、そうだろうと思うんですが。

(14) で、（Dたと）例えば、おんなじ気持ちを持った友人がいるとか、おんなじ環境、おんなじ思いをしている人が(Dいとぅ)いる人（Dご）を見つけるとか、そういうことがない限りは、（Fあ）**多分**そういう状況は出し得ないだろうと。

(15) 船舶から出てくる土器を見ますと、土器の模様を色々見ますと、多分千歳、札幌辺り、に住んでいた人たちが、**恐らく**（Fうー）そっこから船出して上がっていったで。

(16) （F ま）、このまま進みますと、（F えー）**恐らく**、南極の氷も大変に減ってまいります。
(17) （F まー）これが、（F あの）軽四輪か何かだったら、**恐らく**、もうめちゃくちゃになっていますけれども。
(18) 心電図に取れば、もう、**恐らく**静止寸前だったでしょう。
(19) **どうも**、（F その）若年層、同じ地域の若年層の（F えー）談話を比較してみますと、このような（F その）（M です）（M ます）プラス方言助詞という組み合わせがことごとくなくなってしまって。
(20) （F ん）**どうも**その要素の特定をしていくと、そう簡単はできそうにないんですけれども
(21) （F えー）バイグラムとトライグラムの性能を比較してみますと、**どうも**バイグラムの方がよいという結果になってしまいました。
(22) で、ある学校訪ねていきましたところ、（F そのー）（D あ）**どうも**初めてであったようでありまして。
(23) たまたま昼間歩いていたら、そこは、**どうやら**お店らしくて。
(24) 注意深い観察者の分析によりますと、真の原因は、**どうやら**二つに絞れるようで、
(25) しかし、（D み）やり方を間違ってしまうと、それは、**もしかすると**、子供たちを、ある意味で苦しめるようなことに、（D（？なら）なりはしないか。
(26) 倒れた時に、すぐに飛んでいって、声をかけてやったらば、**もしかしたらば**、もっと意志強く歩いて行こう。
(27) 銀行のカード（F あのー）機械だったら、**ひょっとしたら**、大丈夫かもしれない。
(28) （F あのー）この、今のこういう間氷期という、こういう暖かい時期っつうのは、異常に今までの経験からすると、（F おー）長い時期になってまして、（F ま）そういう意味で、（F あの）もし人間の活動がなければ、**ひょっとすると**今は氷河期に突

入しつつあるかもしれないと、(Fま)そういう(Fうー)方もおられます。

(29) こういうことを黙認、黙ってしまいますと、ひょっとすると、今後、学校教育現場の中で、(これやから)外国の子は、(面倒くさいねん)、入れたら(大変やねん)、何が起こるか(分からへん)という風な弊害、悪影響が出ることを恐れました。

(30) だから、無人島で、何のために、無人島に行くのって、全く分かんないもんですから、ただ遊びに行ったとすれば、そのくらいの三つの最低限の、そのくらいあれば、あるいは、一週間、二週間は過ごせるんじゃないのかな。

(31) (Fえ)しかし、(Fえー)使用された位置を見ますと、第三例は丁末の(Fえ)一行の末尾での使用であって、(Fえー)この異体仮名があるいは(Fえー)拙稿(1995)で指摘したような(Fえ)行にかかわる識別の仮名として、使用されているということも(Fえ)あるいは、予想する必要があるかもしれません。

(32) <FV>で、(Fえ)先程から申し上げている(Fえー)ことからすれば、(Fえー)一から三の、(Fえー)古さは定家の一時代前の人物による書写、(Fえ)四以降は(Fえ)同時代の人物に(Dよしゃ)よる書写という推定もあるいは可能なのかもしれません。

四、pが「ので」節である場合

(1) 四月から大学四年生になってもっと就職で忙しくなるので、きっと、大学の、後一年の間では、もう一回ピアノを弾くことはできないですけれども。

(2) 父は、誰よりもポテトをかわいがっていたし、それで出した結論だったので、きっと、父は物凄くつらかったと思います。

(3) 第二ストリームは単一空間ですので、必ず、ここは閉じたままになっております。

(4) つまり、サセプティブルメールズ・アンド・フィーメールが（F あのー）ゼロにならないちゅうことですから、**必ず**、（F あのー）（F ん）こう感染してない人が残るということが一つです。
(5) 肉を盗んだんだから、犯人は**絶対**、肉食のやつだろう。
(6) その車二駆だったんで、もう**絶対**、これは（D ん）出ない。
(7) （F あのー）敵対心てものまだありましたから、やっぱり米兵達も（F あのー）一人では、**絶対**行動（D し（？））しなかったんですね。
(8) 五か月経ってますので、**多分**、もう覚えていないだろう。
(9) （F まー）（F あのー）私としては、やはり家に帰っても、やっぱパソコンで仕事をやったりするようなことも結構多くありましたので、**多分**、仕事が一番大切だったのかなというふうに思います。
(10) （F ま）お盆の入りで、**多分**、工場も全部休みだろうな。
(11) （F あの）今ペアで買っているので、**恐らく**、子供が二三回うまれるだろう。
(12) 中国の人達は経塚を作りませんから、これは、日本人が、わざわざ中国に依頼して、**恐らく**、デザインも、（F あのー）（F あ）決めて発注しているんでしょう。
(13) （F え）科目番号三が、入っているモデルの確率が、かなり高くなっていますので、（F え）この辺が、（F えーと）**どうも**（F えっと）モデル平均に、（F えーと）あまりよろしくない影響を与えているのではないかと（F えー）考えられます。
(14) 文化の違いがありますので、ヨーロッパとは**どうも**違いますんで。
(15) **どうやら**、（F その）中世の夢ばかり見るから、**どうやら**、あの時代に生きていたに違いないとか。
(16) やっぱり、あなた生まれる時に、原爆のところで、生まれたから、（F あのー影響があるんじゃないかって、ずっと心配

はしてたんだけど、**もしかしたら**、（F その）ケロイドのような染みだったんで。

(17) 非常に楽しい思い出とか、違う世界を見る訳ですから、**もしかしたら**、自分は何かそういう海外に、これから、出ていった方がいいかもしれないと

(18) 筑前煮は自己流なんで、よくお料理番組とか、（F えっとー）D（?ずい）お店で売ってるような筑前煮と、**もしかしたら**テレビの作り方と違う。

(19) で、利休の（F その）服紗（D2 の）（F あのー）の使い方っていうのはまるきりカトリックの聖杯を扱う時と同じな訳なので、（F そのー）畳の縁を踏むということをやってはいけないというのは**ひょっとしたら**、もっと（F あのー）茶道が確立されるずっと前から言われてることなのかもしれませんけれど。

(20) それから三回目が（F えー）夏休みの後ですが、九月になって、（F えー）夏休みの後ですので、**ひょっとして**もうすっかり忘れちゃったんじゃないかなと思って、やりましたが、やはり（F あの）少しずつですが、伸びているということで（F あの）安心しました。

参考文献

【日本語】

井出祥子. 2006. わきまえの語用論. 東京：大修館書店.

宇佐美まゆみ. 2001a. 21 世紀の社会と日本語―ポライトネスのゆくえを中心に―. 言語，第 30 巻第 1 号：20-28.

王沖. 2010. 陳述副詞の意味と習得:日本語教育のために:認知言語学的観点から見た日本語. 東京：専門教育出版.

大石初太郎. 1954. 日常談話の接続詞. 言語生活，第 6 号：22-29.

大塚陽子. 2008. ポライトネス理論から見た言語行為―FFA 概念の導入をめぐって//白百合女子大学言語・文学研究センター. 言語・文学研究論集. 東京：白百合女子大学，第 8 号 1-13.

小矢野哲夫. 1973. 副詞の呼応―誘導副詞と誘導形の一例―//渡辺実（編）. 副用語の研究. 東京：明治書院，216-232.

加藤重広. 2004. 日本語語用論のしくみ. 東京：研究社.

加藤重広. 2015. 日本語語用論フォーラム 1. 東京：ひつじ書房.

加藤重広・滝浦真人. 2016. 語用論研究法ガイドブック. 東京：ひつじ書房.

加藤重広・滝浦真人. 2017. 日本語語用論フォーラム 2. 東京：ひつじ書房.

加藤好崇. 2010. 異文化接触場面のインターアクション―日本語母語話者と日本語非母語話者のインターアクション規範―. 平塚：東海大学出版会.

川口良. 1993. 日本人および日本語学習者による副詞『やっぱり』の語用的前提の習得について. 日本語教育，81 号：116-127.

川上恭子. 1993. 談話における『まあ』の使い方と機能（一）―応答型使い方の種類―. 園田国文，第 14 巻：69-79.

川上恭子. 1994. 談話における『まあ』の使い方と機能（二）―応答型使い方の種類―. 園田国文，第 15 巻：69-79.

木下りか. 1999. 文末における「真偽判断のモダリティ」形式の意味. 名古屋：名古屋大学.

魏春娥. 2015. 談話におけるフィラー『ま（ー）』の待遇差に関する予備的考察. 東アジア研究，13 巻：75-93.

楠本徹也. 2015. 中途終了型発話文『けど』『ので』の要求・断り行為場面における待遇的談話機能. 留学生日本語教育センター論集，41：47-60.

工藤浩. 2000. 副詞の文の陳述のタイプ//森山卓郎・仁田義雄・工藤浩. 日本語の文法 3 モダリティ 1. 東京：岩波書店，61-243.

工藤浩. 2016. 副詞と文. 東京：ひつじ書房.

小池康. 2003. いわゆる「可能性想定」を表わすモダリティ副詞の史的変遷――モシカスルト類・ヒョットスルト類・コトニヨルト類を対象に. 文芸言語研究 言語篇，(44)：193-219.

国立国語研究所. 2014. 分類語彙表（増補改訂版）. 東京：国立国語研究所.

ザトラウスキー. 1993. 日本語の談話の構造分析：勧誘のストラテジーの考察. 東京：くろしお出版.

ザトラウスキー. 2005. 情報処理、相互作用、談話構造から見た倒置と非言語行動との関係//串田秀也・定延利之・伝康晴（編）. 活動としての文と発話. 東京：くろしお出版，159-208.

杉村泰. 2009. 現代日本語における蓋然性を表すモダリティ副詞の研究. 東京：ひつじ書房.

泉子・K・メイナード. 2004. 談話言語学. 東京：くろしお出版.

泉子・K・メイナード. 2005. 談話表現ハンドブック. 東京：くろしお出版.

泉子・K・メイナード. 2012. ライトノベル表現論. 東京：明治書院.

全紫蓮. 2015. 現代日本語における副詞の意味と機能―＜感動詞的使い方＞の派生を中心に―. 大阪：大阪大学.

滝浦真人. 2005. 日本の敬語論―ポライトネス理論からの再検討―. 東京：大修館書店.

滝浦真人. 2008. ポライトネス入門. 東京：研究社.

高梨信乃. 2010. 評価のモダリティ：現代日本語における記述的研究. 東京：くろしお出版.

武内道子. 1989. 副詞の語用論―発話副詞についての一考察―. 埼玉工大紀要，第 7 号：25-46.

田邉泉・堀江薫. 2017. 認識モダリティ『かもしれない』の拡張用法に関する機能論的分析. 関西言語学会発表.

陳若婷. 2004. 文副詞『もちろん』の意味. 広島大学大学院教育学研究科紀要，第二部第 63 号：269-277.

角田三枝. 2004. 日本語の節・文の連接とモダリティ. 東京：くろしお出版.

寺村秀夫. 1986. 日本語のシンタクスと意味　第二巻. 東京：くろしお出版.

時枝誠記. 1950. 日本文法（口語編）. 岩波書店.（1978 改版；岩波全書 114）

中右実. 1980. 文副詞の比較. 日英語比較講座 第 2 巻（文法）：157-219.

中島悦子. 2011. 自然談話の文法―疑問表現・応答詞・あいづち・フィラー・無助詞―. 東京：おうふう.

中田智子. 1991. 談話における副詞のはたらき//国立国語研究所. 副詞の意味と使い方. 東京：大蔵省印刷局.

仁田義雄. 1991. 日本語のモダリティと人称. 東京：ひつじ書房.

仁田義雄. 2009. 日本語のモダリティとその周辺. 東京：ひつじ書房.

仁田義雄. 2002. 副詞的表現の諸相. 東京：くろしお出版.

野田尚史. 2000. 語順を決める要素. 言語，9 月号：22-27.

橋本進吉. 1959. 国文法体系論. 東京：岩波書店.

南不二男. 1993. 現代日本語文法の輪郭. 東京：大修館書店.

萩野綾.2011.断り表現における緩和表現の日英比較―日英語の副詞からみたポライトネス一考察―.日本英語コミュニケーション学会紀要，第20巻第1号：1-16.

萩原孝恵.2012.「だから」の語用論：テクスト構成的機能から対人関係的機能へ.東京：ココ出版.

林宅男.2008.談話分析のアプローチ.東京：研究社.

飛田良文・浅田秀子.2014.現代副詞使い方辞典.東京：東京堂出版.

ペネロピ・ブラウン、スディーヴン・C・レヴイソン.2011.ポライトネス言語使用における、ある普遍現象.田中典子，訳.東京：研究社.

福田伸枝.2011.談話における副詞「けっこう」の機能について――配慮表現としての機能を中心に.日本語コミュニケーション研究論集，第一号：61-70.

本間妙.2010.フィラー『やっぱり』が現れやすい談話――『心的状態』をキーワードに.国際人間学フォーラム，第六号：73-91.

益岡隆志.1991.モダリティの文法.東京：くろしお出版.

益岡隆志・田窪行則.1992.基礎日本語文法・改訂版.東京：ろしお出版.

町田健・加藤重広.2004.日本語語用論のしくみ.東京：研究社.

三牧陽子.2013.ポライトネスの談話分析―初対面コミュニケーションの姿としくみ―.東京：くろしお出版.

森本順子.1994.話し手の主観を表す副詞について.東京：くろしお出版.

矢澤真人.2007.日本語情態修飾関係の研究.筑波：筑波大学.

山岡政紀.2000.日本語の述語と文機能.東京：くろしお出版.

山岡政紀・牧原功・小野正樹.2010.コミュニケーションと配慮表現.東京：明治書院.

山田孝雄.1936.日本文法学概論.東京：宝文館.

山梨正明.1986.発話行為.東京：大修館書店.

山根知恵.2002.日本語の談話におけるファイラー.東京：くろしお出版.

羅米良. 2009. 『タブン』と『オソラク』と意味とコミュニケーションのストラテジー. 特定領域研究「日本語コーパス」平成20年度公開ワークショップ　サテライトセッション予稿集，13-22.
渡辺実. 1971. 国語構文論. 東京：塙書房.
俞暁明. 1999. 現代日本語の副詞の研究. 大連：大連理工大学出版社.

【中国語】

崔诚恩. 2002. 现代汉语情态副词研究. 北京：中国社会科学院研究生院.

韩文羽. 2020. 现代汉语必然类情态副词研究. 长春：吉林大学.

何午. 1999. 情态副词"話者の心的態度"的表达载体. 日语学习与研究，4：73-76.

何自然，冉永平. 2009. 新编语用学概论. 北京：北京大学出版社.

李凝. 2014. 关于日语模糊限制语的研究. 北京：外文出版社.

潘海生. 2017. 汉语副词的主观性和主观化研究. 上海：同济大学出版社.

齐沪扬. 2002. 语气词与语气系统. 合肥：安徽教育出版社.

史金生. 2011. 现代汉语副词连用顺序和同现研究. 北京：商务印书馆.

史金生. 2017. 语法化的语用机制与汉语虚词研究. 上海：学林出版社.

孙佳音. 2010. 现代日语时间副词研究. 北京：中国社会科学出版社.

唐宁. 2006. 现代汉语表确定推测类语气副词研究. 南宁：广西师范大学.

王冲，时代. 2016. 影响日语近义情态副词习得因素的研究. 日语学习研究，3：85-93+147.

王力. 2013. 汉语语法纲要. 北京：商务印书馆.

王璐. 2009. 现代汉语确定性推测语气副词研究. 上海：上海外国语大学.

王晓华. 2011. 现代日汉情态对比研究. 上海：上海外国语大学.

赵刚，贾琦. 2013. 会话分析. 北京：高等教育出版社.
徐昌华，李奇楠. 2001. 现代日语间接言语行为详解. 北京：北京大学出版社.
徐晶凝. 2008. 现代汉语话语情态研究. 北京：昆仑出版社.
阳贝壳. 2013. 关于认识情态形式 Darou 的研究——兼与中文对照. 上海：上海外国语大学.
叶明慧. 2016. 现代汉语推测类语气副词的语义韵研究-以"必类"为例. 广州：暨南大学.
张谊生. 2010. 现代汉语副词分析. 上海：上海三联出版社.
张谊生. 2017. 现代汉语副词阐释. 上海：上海三联出版社.
张则顺. 2015. 现代汉语确信副词研究. 北京：中国社会科学出版社.
周泽龙. 2007. 必然类语气副词研究. 上海：上海师范大学.
朱德熙. 2014. 语法分析讲稿. 北京：商务印书馆.
郑立华. 2012. 交际与面子博弈——互动社会语言学研究. 上海：上海外语教育出版社.
グループ・ジャマシイ. 2004. 日本语句型辞典. 徐一平等，译. 北京：外语教学与研究出版社.

【英語】

Chafe, Wallace L.1994. *Discourse, consciousness, and time : The flow and displacement of conscious experience in speaking and writing.* Chicago: University of Chicago Press.

Daisuke Suzuki. 2015. *English Modal Adverbs Their Functions in Synchrony and Diachrony.* Kyoto: Kyoto University.

Halliday,M.A.K.1970.*A Course in Spoken English:Intonation.*London:Oxford University Press.

Halliday,M.A.K.1973.*Explorations in the functions of language .* London:Edward Arnold.

Halliday, M.A.K. and Hasan, R. 1976. *Cohesion in English*. London:Longman.

Leo Hoye.1997.*Adverbs and modality in English*. London:Longman.

Lyons,J.1977.*Semantics.2vols*. Cambridge:Cambridge University Press.

Revere D. Perkins.1983.*Deixis, Grammar, and Culture*. Amsterdam :John Benjamins Pub Co.

【辞書】

梅棹忠夫ほか.1992.カラー版　日本語大辞典．東京：講談社．

小松寿雄.2011.新明解語源辞典．東京：三省堂．

小学館国語辞典編集部.2006.精選版　日本国語大辞典第三巻．東京：小学館．

杉本つとむ.2005.語源海．東京：東京書籍．

日本語文法学会.2014.日本語文法事典．東京：大修館．

松村明ほか.1999.大辞林．東京：三省堂．

山田忠雄ほか.2010.新明解国語辞典．東京：三省堂．